PETIT MANUEL

D'ÉCONOMIE POLITIQUE

A L'USAGE SPÉCIAL

DES ÉCOLES ET DES BIBLIOTHÈQUES POPULAIRES

TRADUCTION LIBRE DE L'ALLEMAND D'OTTO HUBNER

AVEC DE NOMBREUSES ADDITIONS

PAR

CH. LE HARDY DE BEAULIEU

PROFESSEUR D'ÉCONOMIE POLITIQUE

———

QUATRIÈME ÉDITION

Précédée d'une Notice sur CH. LE HARDY DE BEAULIEU

———

PARIS

LIBRAIRIE GUILLAUMIN ET Cie

Éditeurs du *Journal des Économistes*, de la *Collection des principaux Économistes*,
du *Dictionnaire de l'Économie politique*, du *Dictionnaire du Commerce
et de la Navigation*, etc.

RUE RICHELIEU, 14

PETIT MANUEL

D'ÉCONOMIE POLITIQUE

SAINT-DENIS. — IMPRIMERIE CH. LAMBERT, 17, RUE DE PARIS.

PETIT MANUEL

D'ÉCONOMIE POLITIQUE

A L'USAGE SPÉCIAL

DES ÉCOLES ET DES BIBLIOTHÈQUES POPULAIRES

TRADUCTION LIBRE DE L'ALLEMAND D'OTTO HUBNER

AVEC DE NOMBREUSES ADDITIONS

PAR

CH. LE HARDY DE BEAULIEU

PROFESSEUR D'ÉCONOMIE POLITIQUE

QUATRIÈME ÉDITION

Précédée d'une Notice sur Ch. le Hardy de Beaulieu

PARIS

LIBRAIRIE GUILLAUMIN ET Cie

Éditeurs du *Journal des Économistes*, de la *Collection des principaux Économistes*,
du *Dictionnaire de l'Économie politique*, du *Dictionnaire du Commerce
et de la Navigation*, etc.

RUE RICHELIEU, 14

1881

NOTICE BIOGRAPHIQUE

sur

CHARLES LE HARDY DE BEAULIEU

Peu de vies furent aussi bien remplies que celle de Charles Le Hardy de Beaulieu. Il fut à la fois minéralogiste et géologue, moraliste et économiste. Son activité infatigable, sa haute intelligence suffirent à toutes les tâches qu'il s'imposa comme professeur, comme écrivain et comme orateur.

Il naquit le 10 mars 1816, à Uccle, près de Bruxelles. Sorti de l'école centrale de Paris en 1835, il se rendit en Espagne en qualité d'ingénieur. Il étudia ce pays d'une façon particulière et peut-être l'aspect d'une si profonde décadence au milieu des plus merveilleuses ressources naturelles, attira-t-il son attention vers la science qui s'occupe de la production des richesses.

a

S'étant fixé à Mons à son retour d'Espagne, il renonça à l'industrie pour se consacrer plus spécialement à la science. En 1846, il fut nommé professeur de minéralogie, de géologie et de métallurgie à l'école des mines du Hainaut ; quelques années après, le cours d'économie politique lui fut également confié.

A cette époque, il commença ces nombreux et importants travaux qui le placent au premier rang parmi les vulgarisateurs de la science économique. Apôtre convaincu de la liberté commerciale, comme de toutes les libertés, il fut un des plus ardents promoteurs du mouvement libre échangiste qui se produisit en Belgique il y a vingt-cinq ans, sous la direction de M. de Molinari alors rédacteur en chef de l'*Économiste belge*.

Le travail incessant auquel il se livrait exerça une fâcheuse influence sur sa santé ; il fut atteint d'une maladie des organes visuels qui se termina par une cécité complète en 1858. Ce malheur ne ralentit pas sa dévorante activité ; il dut renoncer à plusieurs de ses cours, mais il consacra le temps dont il put ainsi disposer à son étude favorite : l'économie politique. Elle lui est redevable de plus d'un notable progrès. C'est dans son beau livre *la Propriété et sa rente* qu'il développa la véritable théorie

des monopoles naturels et de la rente. Cette théorie,
il l'avait déjà indiquée et traitée, mais avec moins
de développements, dans son *Traité élémentaire d'économie politique*, l'un des meilleurs ouvrages sur la
matière. A la fois profond et concis, ce traité
résout, d'une manière claire et facilement saisissable
pour tout le monde, sans jamais s'écarter de la
rigueur des principes, les problèmes les plus ardus
de l'économie politique.

Doué d'un cœur éminemment généreux, il voyait
surtout dans la vulgarisation de la science économique, dans l'application constante de ses principes,
le meilleur moyen d'améliorer le sort des ouvriers.
C'est à ce point de vue surtout qu'il a traité la ques-
tion du *Salaire* dont il a écrit une si belle monogra-
phie et qu'il l'a étudiée en détail, sous une de ses
faces les plus intéressantes, dans *Salariat et coopération*.

Il s'efforçait sans cesse d'établir la concorde entre
patrons et ouvriers, ne flattant ni les uns ni les
autres, faisant entendre à tous le langage du droit
et de la vérité, leur faisant comprendre que leurs
intérêts sont solidaires.

Animé d'un sincère amour pour le bien et la justice, il a marqué dans tous ses ouvrages l'importance capitale qu'il attachait aux questions morales,

questions auxquelles il a consacré plusieurs ouvrages spéciaux, notamment le *Catéchisme de morale universelle*, l'*Éducation de la femme.*

La liste des écrits de Charles Le Hardy de Beaulieu est longue. A ceux que nous avons déjà mentionnés, nous ajouterons : les *Considérations sur les Relations commerciales entre la Belgique et l'Espagne*, le *Guide minéralogique et paléontologique dans le Hainaut et l'Entre-et-Sambre-et-Meuse*, le *Catéchisme de la mère*, les *Causeries agricoles*, etc... Mais pour se faire une idée de son activité prodigieuse il faut parcourir les quatorze volumes, années 1855 à 1868, de *l'Économiste belge*, les tables des matières des soixante volumes de la *Revue trimestrielle*, de l'année, 1854 à l'année 1869. Si l'on y joint sa collaboration au *Journal des Économistes* et à tant d'autres publications politiques ou scientifiques, on a l'ensemble des études les plus remarquables et les plus fécondes qui puissent remplir une vie de publiciste et de savant.

Orateur autant qu'écrivain, il ne négligea aucune occasion de vulgariser la science à laquelle il avait voué sa vie. Nous avons dit combien fut active sa participation aux meetings « libre échangistes »; plus tard il créa des Conférences populaires et donna pendant trois ans un cours public d'économie politique au Musée de l'Industrie à Bruxelles. Il reconstitua la Société belge d'économie politique dont il fut président.

Mais les forces humaines ont une limite, quelque énergique que soit la volonté qui les soutient. Charles Le Hardy de Beaulieu succomba à l'excès de travail; il fut atteint d'une de ces maladies dont on ne se guérit pas et il s'est éteint le 30 décembre 1871, aimé de tous ceux qui l'ont connu, honoré et regretté par tous ceux qui ont à cœur le bien de l'humanité, le progrès matériel intellectuel et moral.

* PRÉFACE

DE LA TROISIÈME ÉDITION

———

La première édition de cet ouvrage (publiée en juillet 1861) était la traduction fidèle du livre allemand intitulé : *Der kleine Economist*, de M. Otto Hübner, économiste et statisticien distingué de Berlin. Les motifs qui nous engagèrent à traduire cet ouvrage en français et à le publier dans notre pays, étaient d'abord, l'excellente réputation dont il jouit en Allemagne, où il est généralement adopté pour l'enseignement dans les écoles primaires, puis la simplicité et la clarté extrêmes avec lesquelles les principes essentiels de l'économie politique y sont exposés, enfin l'utilité incontestable qu'il y a de répandre ces notions parmi les classes laborieuses de notre pays.

a..

La rapidité avec laquelle cette première édition a été épuisée, prouve que le public a partagé notre opinion sur le mérite et l'utilité de l'ouvrage de M. Otto Hübner. Ce succès est dû, en grande partie, au zèle qu'ont mis nos amis de Verviers à faire connaître ce petit livre dans leur industrieux arrondissement et à la bienveillance que nous ont témoignée l'administration provinciale du Hainaut d'abord, la direction générale de l'instruction publique ensuite, en mettant le *Petit Manuel* au nombre des livres destinés à être distribués en prix aux élèves des écoles primaires de leurs ressorts respectifs.

Nous témoignons ici toute notre reconnaissance aux administrateurs et aux industriels éclairés qui nous ont si bien secondés dans la tâche que nous nous sommes imposée en publiant cet ouvrage, celle de mettre les saines notions de l'économie politique à la portée du grand nombre.

Ce bienveillant concours a été pour nous un encouragement à perfectionner successivement cette œuvre d'abord, dans la deuxième édition, ensuite dans la troisième, que nous offrons aujourd'hui au public. A cette fin nous avons tâché de remédier à quelques incorrections de style provenant d'une traduction trop littérale de l'original allemand, et, déférant en cela aux conseils de quelques amis, nous

avons rendu applicables à la Belgique et à la France
les exemples concernant spécialement l'Allemagne,
qui étaient cités dans le texte primitif. Enfin, nous
avons fait à ce texte quelques modifications et de
nombreuses additions que les progrès de la science
et diverses autres considérations nous ont paru ré-
clamer, en regrettant toutefois de n'avoir pu atteindre
dans ce travail l'originalité, la clarté et la simplicité
d'exposition qui caractérisent à un si haut degré
l'œuvre que nous avons prise pour modèle. Afin de
laisser à celle-ci l'honneur et le mérite qui lui appartiennent, nous avons marqué d'un astérisque les
chapitres et les paragraphes que nous avons jugé
utile d'ajouter ou de modifier.

Dans cette troisième édition les chapitres X et
XVIII intitulés : L'OUVRIER et LA DISETTE sont entièrement inédits, et plusieurs autres ont reçu de
notables développements.

AVANT-PROPOS DE L'AUTEUR

Aux Instituteurs.

Les progrès faits depuis quelques années par les idées fausses et subversives auxquelles on a donné le nom de communisme et de socialisme, sont dus en grande partie à une importante lacune dans l'enseignement, qui ne développe pas assez le bon sens populaire, et laisse trop ignorer aux hommes la différence qui existe entre le *mien* et le *tien*, ou, en d'autres termes, la véritable portée des droits et des devoirs qu'ils acquièrent ou qui leur sont imposés par leurs relations avec la société.

C'est afin de combler cette lacune que j'ai essayé d'écrire ce petit traité d'Économie politique morale, sans me dissimuler tout ce que cette tâche offre de difficultés, sans espérer l'avoir rempli complètement, et sachant combien je laisse à faire aux instituteurs que je prie de vouloir bien m'aider dans son accomplissement. Leur inépuisable dévouement, les admirables services rendus par eux à l'enseignement me font espérer que je ne compte pas en vain sur leur appui, dont j'apprécie toute l'importance.

Il est essentiel d'apprendre à la jeunesse à aimer et estimer la société ; il importe de lui persuader que l'activité, la sobriété, la probité, que la vertu, en un mot, n'est pas seulement une chose agréable à Dieu, mais qu'elle procure même en cette vie des avantages positifs, et que, par suite, les prédications trompeuses du socialisme, tendant au renversement des principes établis, et à la substitution de l'action sociale à celle des vertus et de l'activité individuelles, ne sont que mensonges. C'est dans ce but que j'ai écrit ce petit livre, et c'est pour l'atteindre mieux, que j'engage les instituteurs à me seconder.

INTRODUCTION

*Dans l'antiquité, les travailleurs étaient des esclaves, le maître disposait à son gré de tous les produits de leur travail, et il ne leur donnait en retour que la quantité d'aliments, de vêtements et de logement strictement nécessaire au maintien de leur existence. Quand les esclaves étaient nombreux, on les employait aux travaux les plus rudes et les plus malsains, et la durée de leur vie était courte; chez les Romains, on en faisait des gladiateurs pour les combats du cirque, où on les livrait aux bêtes féroces, pour le plaisir des spectateurs. Quand les esclaves devenaient rares, on les traitait avec plus d'humanité, parce qu'ils étaient difficiles à remplacer. Mais l'esclave n'avait nul souci de l'avenir qui ne dépendait pas de lui, nul souci d'une famille qu'il lui était interdit de posséder.

Le sort des esclaves nègres aux États-Unis d'Amérique était à peu près le même; on les traitait bien parce qu'il coûtaient fort cher, mais ils ne contractaient que des liens de famille temporaires, et ne songeaient jamais, ni pour eux, ni pour leurs enfants, à des moyens d'existence ou un avenir qui dépendaient uniquement de leur maître.

De là résultait que l'énergie, le courage moral et la prévoyance, n'étant jamais développés par l'éducation, ni fortifiés par l'exercice, chez les esclaves nègres, ceux-ci étaient incapables de pourvoir à leurs besoins et à ceux de leur famille, par leur propre initiative. Aussi voyait-on des esclaves libérés ou échappés, qui demandaient à retourner en servitude, plutôt que de supporter la misère à laquelle les condamnait leur manque d'énergie. C'est même là un argument que les partisans de l'esclavage invoquaient en faveur de cette détestable institution, comme si celle-ci n'était pas elle-même la cause de la dégradation morale de l'esclave.

Plus tard, le servage ayant remplacé l'esclavage, en Europe, il fut accordé au serf d'avoir une famille, on lui concéda la quantité de terre suffisante pour sa subsistance, mais tout son travail, à l'exception de celui qui était rigoureusement nécessaire à la satisfaction des besoins les plus grossiers, appartenait au seigneur. Celui-ci défendait le serf contre les attaques des pillards et le nourrissait en temps de disette, parce que autrement, ses terres n'eussent plus été cultivées, faute de bras.

Aucun effort du serf n'eût abouti à améliorer sa condition ; pourquoi aurait-il fait cet effort ? Où aurait-il appris, d'ailleurs, à être prévoyant, courageux et économe ? Dans les villes, l'ouvrier était soumis aux dures lois des maîtrises, des corporarations, des jurandes ; à de rares exceptions près, il ne lui était pas permis d'aspirer à devenir maître à son tour, ni même d'améliorer sa condition par un travail plus intelligent. Pour lui comme pour le serf, le développement de l'intelligence, de la force morale, de la prévoyance, n'eussent servi à rien.

Aujourd'hui cet état de choses est bien changé, et, à part quelques restrictions, quelques traces de l'esclavage et du servage, qui tendent à disparaître de jour en jour, l'ouvrier est devenu libre d'offrir son travail à qui bon lui semble, et d'en débattre les conditions ; il est devenu le maître de jouir et de disposer des fruits de son labeur.

Mais liberté implique responsabilité ; le maître, le seigneur, le patron ne peuvent plus tyranniser l'ouvrier, ni lui ravir le fruit de son travail, mais ils ne sont plus obligés de prévoir l'avenir pour lui, ni de le nourrir en temps de disette. C'est à lui-même qu'il incombe de rechercher les conditions dans lesquelles son travail sera le mieux payé ; c'est à lui de rechercher le meilleur emploi qu'il devra faire de son revenu, et à trouver les moyens de parer aux chances de maladie, de disette, de chômage, etc., auxquelles il est exposé.

A cet effet, quelques notions élémentaires d'économie politique lui sont indispensables : l'esclave, le serf, le compagnon d'une maîtrise peuvent être ignorants d'intérêts dont le soin leur échappe ; l'ouvrier libre et responsable doit être instruit de ses droits et de ses devoirs, il doit appliquer son intelligence à veiller lui-même à ses intérêts. Aussi avons-nous toujours cru qu'il était indispensable de mettre à la portée de l'ouvrier, quelques notions simples de la science qui enseigne aux hommes quels sont leurs intérêts réciproques dans la société. Ayant trouvé un petit livre dans lequel ces notions nous ont paru être mises à la portée de toutes les intelligences, nous avons jugé qu'il serait utile de le traduire en français, afin de rendre ces notions accessibles à tous ceux qui parlent cette langue mais nous avons cru devoir y introduire quelques modifications et le compléter par de nombreuses additions[*].

PETIT MANUEL
D'ÉCONOMIE POLITIQUE

CHAPITRE PREMIER.

Le travail.

*1. — Qu'appelle-t-on travailler?
2. — Qu'exige le travail?
3. — Pourquoi travaillez-vous?
4. — Pourquoi les hommes travaillent-ils?
5. — Quelles sont les conséquences de l'oisiveté?
6. — Comment les choses se passeraient-elles si personne
ne voulait travailler?
*7. — Comment faut-il que le travail se fasse pour que l'on
en retire le plus de fruits?

1. — Dans les champs, les hommes bèchent et
labourent, sèment et récoltent; dans les forêts ils
chassent ou abattent péniblement de vieux arbres;
sur les mers et les fleuves, ils pêchent ou conduisent
au loin des denrées; dans les villages et les villes, on
forge et on rabote, on file et on tisse, on tamise et

on peint, on écrit, on calcule, on coud, on tricote.

Voilà ce qu'on appelle travailler.

Il est d'autres personnes encore, dont le travail, moins remarqué peut-être, parce qu'il ne s'applique pas, comme celui des hommes cités précédemment, à la satisfaction de nos besoins les plus immédiats, comme la nourriture, le vêtement, le logement, etc., n'en est pas moins utile et même indispensable à tous. Tels sont, par exemple, le travail du législateur qui fait les lois d'après lesquelles le pays est gouverné; celui du juge qui, en appliquant ces lois, fait régner la justice parmi les hommes; celui de l'avocat qui nous aide de ses conseils dans nos affaires et défend nos intérêts quand ils sont injustement menacés. Tel est aussi celui du médecin, dont la science et les soins contribuent au rétablissement de notre santé, lorsqu'elle vient à s'altérer; celui de l'instituteur qui nous instruit, de l'artiste qui nous divertit et bien d'autres encore, qui tous méritent d'être récompensés des services qu'ils nous rendent.

2. — Chacune de ces actions exige un effort du corps et de l'esprit, une dépense de force et de temps. Chacune d'elles coûte de la sueur et de la réflexion, car pendant qu'on est à travailler, on ne peut pas se reposer, et plus on y emploie de temps, moins il en reste pour la jouissance.

N'est-il pas étrange que, malgré tous ces obstacles et ces sacrifices, les hommes travaillent encore ?

3. — Vous-même, vous donnez, je l'espère, plus de temps chaque jour à l'étude qu'au jeu, et vous sacrifiez pour elle des heures que volontiers vous emploieriez à vous amuser. Pourquoi faites-vous cela ? Vous me répondrez que vous préférez au jeu le contentement de vos parents et de vos maîtres, et que leur mécontentement vous ferait plus de peine que la privation du jeu. Vous direz que la perspective de devenir un jour par votre zèle un homme distingué, vous est plus agréable que la jouissance que donne l'oisiveté.

4. — Eh bien, les hommes comme les enfants, se livrent au travail, parce que la satisfaction due à l'utilité qu'ils en retirent, dépasse la peine de corps et d'esprit qui leur est imposée. Comme les enfants, ils travaillent parce que la peine de leurs efforts est loin d'être aussi grande que celle qui suit l'oisiveté.

5. — Celui qui ne travaille pas aujourd'hui peut sans doute aller se promener; mais s'il est pauvre, dès demain, il n'aura plus à manger. La jouissance de pouvoir se rassasier demain est certainement plus grande que celle de se promener aujourd'hui. L'effort d'aujourd'hui est évidemment moins pénible que la faim de demain.

Sans doute le riche peut se promener plus souvent que le pauvre sans être exposé à avoir faim ; cependant, sans le travail, sa richessse serait bientôt perdue. Le riche travaille donc parce que l'effort lui est moins pénible que la perte de sa richesse.

6. — Que l'on cesse subitement tout travail, il est facile de comprendre qu'aussitôt la faim et la misère viendront assaillir le riche et le pauvre. Dès le lendemain, il n'y aurait plus de pain, plus de viande, plus de légumes frais, car le boulanger, le boucher, le jardinier chômeraient. Vous attendriez en vain votre déjeuner, votre dîner, personne ne voulant les préparer. Vos souliers, vos vêtements, une fois usés resteraient des haillons et ne seraient pas remplacés, car les habillements et les chaussures ne poussent pas sur les arbres. Ce qui vous arrive arriverait à tout le monde. Les terres, les maisons, l'argent des riches ne leur serviraient à rien, car sans le travail, les champs ne portent point de fruits, personne ne peut payer de rente ou de fermage, et le payement n'aiderait en rien, puisque là où l'on ne travaille pas on ne peut rien acquérir pour de l'argent.

Sans le travail les hommes seraient exposés aux plus grandes privations ; les baies des forêts, les fruits des arbres, tout ce que la terre produit spontanément ne suffirait pas pour quelques jours de l'année ; la faim forcerait les hommes à se manger entre eux.

Quand un seul homme ne travaille pas pendant que les autres travaillent, cette inaction n'est plus aussi redoutable; mais cet homme est obligé de mendier auprès des autres, et il est facile de comprendre que la mendicité est plus pénible que toute espèce de labeur.

7. — Pour que l'homme retire le meilleur résultat de son travail, il doit s'y livrer avec activité et persévérance. Il doit lui donner une bonne direction et pour cela réfléchir à ce qu'il fait. Il doit aussi travailler honnêtement, c'est ainsi qu'il méritera la juste récompense que lui donneront ceux pour lesquels le travail est exécuté. Il faut donc que le travailleur s'applique à se donner des habitudes d'activité et de régularité, à s'instruire et à devenir habile dans sa profession et enfin à se conduire toujours honnêtement, à tenir ses engagements avec loyauté : de cette façon il sera toujours certain de trouver dans son travail d'amples moyens d'existence et quelquefois l'aisance couronnera ses efforts.

CHAPITRE II.

La propriété.

1. — Si par votre zèle vous aviez mérité un livre comme prix d'honneur, que diriez-vous si un autre

enfant non laborieux, et passant son temps à s'amuser pendant que vous travaillez, vous enlevait ce
livre et voulait le garder pour lui ? Vous diriez sans
doute qu'il n'y a pas de droit puisque vous avez travaillé pour l'obtenir, tandis qu'il n'a rien fait pour
cela. S'il prétendait qu'il est injuste que ce livre vous
ait été décerné de préférence, puisqu'il peut aussi
bien l'employer que vous, vous lui répondriez qu'il
n'y a point là de préférence et de faveur, puisqu'il
aurait pu comme vous-même obtenir le livre, en
jouant moins et en travaillant davantage. Vous
diriez encore que vous éprouveriez de la peine à
être privé du livre ; et que le contentement que
vous donne sa possession n'est qu'une sorte de dédommagement du plaisir de jouer, que vous avez si
souvent sacrifié pour obtenir le prix d'honneur. Et
vous auriez raison en disant cela, vous pourriez aussi
ajouter que le livre est mieux placé dans vos mains
que dans les siennes, car le meilleur livre n'est
d'aucun usage au paresseux.

2. — Ce qui se passe pour votre livre se passe
aussi dans le monde. Celui qui travaille crée des
choses utiles à la société, lui rend des services, ce que
ne fait pas le paresseux. Et comme les choses utiles
et les services sont recherchés par tout le monde,
l'homme zélé trouve tout naturellement la récom-

pense de son travail, et personne n'a le droit de la lui ravir, tandis que le paresseux n'obtient rien. L'argent que gagne l'homme qui travaille est la récompense des services rendus, tout comme votre prix d'honneur est la récompense de votre application ; seulement, le travail de l'homme, pour être récompensé, doit être utile à quelqu'un, servir à quelque chose, car c'est le service rendu que l'on paie, et non pas le travail.

3. — L'homme qui a gagné de l'argent par son travail peut employer cet argent à s'acheter toutes sortes de choses. C'est à peu près comme s'il avait fait lui-même les objets qu'il achète, puisqu'il a dû travailler, faire quelque chose d'utile pour gagner de quoi se procurer ces objets.

Si cet homme actif se trouvait dans l'isolement, il se bâtirait une plus belle maison, se confectionnerait de meilleurs vêtements, et obtiendrait une récolte plus abondante que le paresseux. Dans la société un homme ne fait pas lui-même tout ce dont il a besoin. L'un est entrepreneur et ne fait que des maisons, l'autre est tailleur, l'autre cultivateur, etc. Chacun applique son activité à produire beaucoup d'un seul objet. Il en fait trop pour lui seul, mais il vend le reste ; et l'argent qu'il en retire est le prix, la récompense de son travail.

4. — Eh bien, cette récompense est ce qu'on appelle la propriété, et vous comprendrez qu'elle doit appartenir à celui qui l'a acquise, en considérant qu'il a dû la créer par ses efforts et par ses privations; si l'on ne travaillait pas, il n'y aurait pas autant de biens disponibles dans la société que ceux dont jouit aujourd'hui le plus pauvre. Celui qui n'a pas travaillé n'a aucun droit, et celui qui n'a que faiblement travaillé n'a que peu de droits aux biens existants.

5. — Tout ce que l'homme se procure par le travail, le salaire de l'ouvrier, la récolte du cultivateur, le bénéfice du marchand, les appointements du fonctionnaire, tout cela est propriété. Les uns consomment cette propriété ou la dépensent pour la satisfaction de leurs besoins et pour leurs plaisirs; d'autres ne la consomment qu'en partie, en se refusant ces satisfactions et ces jouissances : ils épargnent.

6. — Il est évident que la propriété, qui n'a pas été consommée aujourd'hui, n'en reste pas moins demain la propriété de celui qui l'a acquise; car de même qu'il a le droit de la consommer, il a le droit de la conserver sans que l'on puisse assigner de limites à la durée de cette conservation; ce n'est jamais que de l'œuvre de son activité qu'il jouit.

1.

7. — C'est une grande satisfaction pour la plupart des hommes, que de laisser quelque chose après eux pour leurs enfants ; ils recherchent vivement cette satisfaction ; car non seulement ils ne consomment ni ne détruisent la propriété acquise, mais ils l'épargnent jusqu'au dernier jour de leur vie. Par là, les enfants reçoivent à la vérité un bien qui n'est pas dû à leurs efforts, mais ils ne reçoivent cependant point de récompense qui ne corresponde à un effort.

C'est leur père qui a travaillé, qui s'est privé et a épargné pour eux, il leur a laissé ses droits et comme il peut faire de sa propriété ce qu'il veut, ce qu'il leur lègue leur appartient. Si l'on voulait contester cela, on devrait nier aussi que le père pût disposer de sa succession. Ce qui démontre que la transmission de l'héritage du père n'est pas un dommage mais bien un avantage pour la société, c'est que très probablement personne ne voudrait plus travailler dès qu'il aurait obtenu ce qui suffit à sa consommation, s'il ne pouvait pas avec le surplus se donner la haute satisfaction de laisser quelque chose à ses enfants après sa mort. Il résulterait aussi de là que la réunion des capitaux, si utile à tous, aurait rarement lieu, et que la société serait privée de l'avantage des successions, qui permettent de réunir en une seule main les produits de l'activité et de l'épargne de plusieurs générations.

Si le père mourait sans laisser de testament, à qui ses biens pourraient-ils d'ailleurs appartenir plus légitimement qu'à ses enfants, puisqu'il a acquis cette propriété dans le but de la leur transmettre, afin qu'ils puissent en jouir après lui ?

*8. — La propriété étant toujours la récompense du travail, vous demanderez peut-être pourquoi la terre qui n'a été faite par personne, puisqu'elle existait avant que les hommes vinssent au monde, appartient à quelques-uns au lieu d'être en commun à tous ? Pour comprendre cela, il faut remarquer qu'il y a dans beaucoup de contrées, des terres qui n'appartiennent à personne, ou ce qui est la même chose, qui sont le bien commun de tous, mais que jamais ces terres ne sont cultivées. D'où cela vient-il, demanderez-vous encore ? C'est que nul ne consent à cultiver la terre qui ne lui appartient pas et où le premier venu peut cueillir les fruits des arbres qui y ont été plantés ou moissonner les épis du blé qui y a été semé. C'est encore parce que tout travail méritant pour récompense une chose qui devient la propriété du travailleur, il n'est pas juste que ceux qui n'ont pas travaillé obtiennent cette récompense en s'en emparant sans se donner aucune peine pour cela.

*9. — Une terre inculte, dont la surface inégale est couverte de pierres, de ronces et de broussailles, n'est convoitée par personne, car elle ne peut être utile à rien; mais si un homme se donnait la peine de brûler les plantes parasites qui poussent sur cette terre, d'en enlever les pierres, pour faire les murs d'une habitation ou pour combler les fondrières du chemin voisin, de niveler cette terre, de la défoncer, de la clôturer par des haies ou des fossés, d'y planter des arbres à fruits, d'y construire sa demeure, trouveriez-vous encore juste que ce coin de terre ne fût la propriété de personne ou ce qui est la même chose, qu'elle appartînt en commun à tous, et que celui qui s'est donné tant de peine pour la rendre propre à la culture, n'eût pas le droit de jouir de ses produits à l'exclusion de ceux qui n'ont rien fait pour les obtenir ?

C'est pourtant ainsi et seulement ainsi que s'acquiert la propriété d'une terre; et c'est quand le père peut la transmettre à son fils qu'il se donne, aussi longtemps que durent ses forces, la peine de l'améliorer pour la rendre plus productive et que ce fils, à son tour, y ajoute son propre travail et de nouvelles dépenses, afin de pouvoir la partager entre ses héritiers, de telle façon que la part de chacun d'eux suffise encore pour le faire vivre de son travail. C'est ainsi que la terre s'améliore de génération en génération, et que ses produits vont toujours en augmentant, de telle sorte qu'une population de plus en plus nombreuse peut y vivre à l'aise, tandis qu'une terre qui demeure inculte et n'a point de propriétaire, ne peut nourrir personne[*].

CHAPITRE III.

Capital et intérêt.

1. — Qu'entend-on par capital? Qu'est-ce que l'intérêt?

2. — Que permet celui qui prête des capitaux?

3. — L'intérêt, le loyer ou le fermage sont-ils aussi la ré-compense d'un travail et jusqu'à quel point?

*4. — L'intérêt ne comprend-il que le dédommagement de la privation imposée au propriétaire par le prêt?

* 5. — Quelles sont les autres causes qui font varier l'intérêt du capital?

*6. — Quelle est l'utilité du capital pour celui qui le possède?

*7. — De quelle utilité est le capital pour le cultivateur?

*8. — Quelle est l'utilité du capital pour le fabricant?

*9. — Pourquoi le négociant ne peut-il se passer du capital?

*10. — En quoi la possession d'un petit capital est-elle utile à l'ouvrier lui-même?

*11. — Comment le capital s'acquiert-il?

*12. — Par quels moyens la formation du capital est-elle rendue plus facile?

1. — Celui qui possède une charrue peut cultiver une plus grande partie de terre que celui qui n'en

a pas. La charrue procure donc à son propriétaire un avantage qu'il n'obtiendrait pas sans elle. Par conséquent, si celui qui n'a point de charrue voulait en emprunter une à qui la possède, celui-ci pourrait la lui refuser en disant : Si je vous abandonne cet instrument, à l'aide duquel j'obtiens de mon travail un meilleur résultat, celui-ci m'échappera. L'autre offrira alors en dédommagement au propriétaire de la charrue une partie des produits qu'il espère acquérir à l'aide de la charrue, ou une partie de l'argent qu'il retirera de la vente de ces fruits. Il en est de même pour le sol ; le propriétaire dit : Quand je le cultive, il me donne des fruits, celui qui veut me le louer, doit me dédommager de ce que j'aurais pu y récolter. Il en est encore de même de l'argent ; celui qui le possède peut dire : Par son moyen, je puis acquérir une charrue, un champ, une maison, qui me procureront une jouissance ou un profit ; c'est pourquoi il me faut un dédommagement si au lieu d'acheter ces choses pour moi, je donne à un autre l'argent avec lequel il peut se les procurer.

La charrue, le champ, l'argent, tout ce qui sert à l'homme d'auxiliaires à son travail, pour accroître les biens de la vie, sont des capitaux. Le dédommagement que les uns exigent et que les autres donnent pour cet auxiliaire est l'intérêt qui s'appelle aussi loyer ou fermage, suivant qu'il s'agit du prêt de l'argent, de marchandises ou de terres.

2. — Il vous paraîtra évident que celui qui possède un capital jouisse de ses fruits, car le capital est une propriété et chacun a le droit de jouir de ce qui lui appartient. Cependant on dit : On peut jouir de la propriété, quand on l'a acquise par du travail et des privations, mais le capitaliste reçoit le fermage, le loyer ou l'intérêt sans faire aucun travail pour cela. Est-ce juste? Quand le propriétaire d'une charrue l'enferme sans l'utiliser lui-même, sans la prêter, celui qui ne possède point de charrue ne récoltera pas autant de fruits que s'il obtenait cette charrue en location ; dès lors, on ne cultiverait pas autant de terres, on n'y récolterait pas tant de fruits, d'où résulterait qn'un grand nombre de personnes manqueraient du nécessaire. En prêtant sa charrue, celui qui la possède devient ainsi la cause d'une récolte plus abondante de fruits : et ceci il ne le fait pas sans travail, car il a dû préalablement construire la charrue lui-même ou gagner l'argent avec lequel il l'a achetée ; c'est du travail ancien qui lui est payé par le loyer.

3. — Il en est de même d'une maison, d'un champ, ou de l'argent, que de la charrue ; toutes ces choses produisent de l'utilité qui n'existerait pas sans un

travail antérieur. C'est ce travail ancien que le propriétaire prête, l'intérêt est la récompense qu'il reçoit pour cela. Cependant toutes ces choses ne produisent pas leur utilité sans un nouveau travail; la compensation, consistant dans le loyer ou l'intérêt, est toujours inférieure à l'utilité que l'on en retire; sans quoi personne ne consentirait plus à emprunter un capital et on chercherait à travailler sans son aide.

*4. — Dans beaucoup de cas, cependant, l'intérêt comprend, outre la rémunération d'un travail ancien un dédommagement pour l'usure du capital et une compensation pour le propriétaire, du danger qu'il court de ne pas rentrer dans sa propriété. Habituellement, ce dédommagement est moindre pour le capital prêté en monnaie que pour celui que l'on confie sous la forme d'instruments ou de meubles, car la monnaie ne se détériore pas comme ceux-ci par l'usage que l'on en fait. De même, l'intérêt est ordinairement d'autant moindre, que la sécurité assurée au propriétaire d'être remboursé de son prêt est plus grande.

C'est ainsi que l'intérêt est très faible pour le prêt, en garantie duquel l'emprunteur peut donner un fonds de terre, puisqu'il est probable que la vente de ce fonds peut le libérer de sa dette.

L'intérêt est, au contraire, très élevé quand l'emprunteur n'a point de gage à donner, car alors la restitution du capital au propriétaire, dépend de l'activité de l'emprunteur, ainsi que de la durée probable de sa vie et de la réussite de ses affaires.

L'intérêt du capital se compose donc souvent de trois parties : la première est le dédommagement de la privation que s'impose l'emprunteur pour faire profiter le prêteur de l'usage de son capital ; la deuxième est le dédommagement de l'usure ou de la détérioration que le capital éprouve par l'usage qui en est fait pendant la durée du prêt, comme lorsqu'il s'agit d'une charrue ou d'un autre outil par exemple ; la troisième est la compensation du risque auquel le prêteur est exposé, de ne pas obtenir la restitution de son capital à l'expiration du prêt, ce qui peut arriver surtout quand ce dernier a été fait en monnaie ou en marchandises.

*5. La sécurité du remboursement des capitaux dépend aussi de l'état des institutions sociales qui garantissent avec plus ou moins d'énergie l'exercice du droit de propriété. Les emprunteurs sont donc intéressés à ce que cette garantie soit la plus solide possible, puisqu'elle tend à diminuer la partie de l'intérêt qui ne sert qu'à dédommager le prêteur des risques que l'insécurité fait courir à son capital.

C'est pour cette cause que l'intérêt des capitaux prêtés est toujours très élevé dans les pays où il y a fréquemment des guerres et des troubles, pendant lesquels les propriétés peuvent être détruites ou ravagées, ce qui ne permet pas à l'emprunteur de les restituer au prêteur et dans les pays où les lois et les tribunaux n'accordent qu'une garantie insuffisante à ce dernier, contre la violence et la mauvaise foi du premier.

*6. — Celui qui possède un capital peut en faire divers usages, tous au plus utiles. Il peut, par exemple, ainsi qu'il est dit plus haut, le prêter en monnaie, en exigeant de l'emprunteur de bons titres ou gages, servant de garantie pour la restitution de la somme prêtée, après un terme fixé d'avance. Ce capital peut aussi être prêté sous forme de maisons ou d'autres bâtiments, moyennant un loyer annuel ou mensuel sous forme de terres, de champs ou de prairies, etc. ; alors il produit un fermage. Tous ces placements donnent un revenu fixe et le propriétaire du capital ne doit se donner aucune peine pour le recevoir, mais ils sont moins profitables que la plupart des autres moyens de faire valoir le capital, car il faut déduire du profit que donne l'emploi de celui-ci, ce qu'il en coûte à l'emprunteur pour le mettre en œuvre et ce qu'il doit gagner pour sa peine.

*7. — C'est ainsi, par exemple, que le cultivateur parvient à tirer un grand parti de la terre louée par lui à l'aide du capital qu'il possède ou qu'il obtient par emprunt.

A cet effet, il transforme une partie de ce capital en instruments aratoires, tels que charrues, herses, rouloirs, etc., une autre portion en chevaux de labour, bétail et animaux de basse-cour : le reste est consacré à l'achat de semences, d'engrais et à payer ses ouvriers, jusqu'à ce que le prix obtenu de la vente de sa récolte lui ait remboursé ses avances.

*8. — Aucune entreprise de quelque importance ne serait permise au fabricant, s'il ne disposait d'un capital, car sans l'assistance de ce dernier, il serait obligé de travailler au jour le jour, comme un simple ouvrier qui, d'ailleurs, a souvent lui-même un petit capital dans ses outils.

Celui du fabricant consiste dans les bâtiments, les machines, les appareils et les instruments nécessaires à l'exercice de sa profession et dont l'ensemble forme sa manufacture ou son usine. A ce capital, souvent considérable, il joint celui qui, sous forme de monnaie, lui permet de s'approvisionner de matières premières, comme de fils, par exemple, s'il tisse des étoffes, et de payer les journées des ouvriers qu'il emploie, jusqu'à ce que la vente des marchandises qu'il a fabriquées lui ait remboursé ses avances.

* 9. — Pas plus que le cultivateur ou le fabricant, le commerçant ne peut se livrer à ses affaires, sans le concours du capital. Plus grand est celui qu'il possède, plus il obtient de crédit chez les personnes avec lesquelles il traite, ce qui facilite beaucoup les opérations de son négoce, les rend plus étendues, plus rapides et plus fructueuses. La possession de fortes sommes d'argent lui permet souvent de faire des achats de marchandises à des prix très avantageux, tandis qu'en accordant aux acheteurs des délais pour le payement de ces marchandises, ce que son capital lui permet de faire, il en facilite beaucoup la vente.

*10. — Enfin, la possession d'un capital, quelque faible qu'il soit, est utile à l'ouvrier lui-même ; d'abord en lui permettant de se pourvoir de meilleurs outils, ce qui rend son travail plus productif ; ensuite, parce qu'il peut attendre la venue des jours de chômage de cherté des vivres et de maladie, sans craindre d'en être réduit à la misère. Enfin, à l'aide de son capital sa femme peut établir un petit commerce et lui-même tentera parfois quelque entreprise ; par ces divers moyens, les ressources de son modeste ménage peuvent donc être augmentées.

Vous voyez par là que la possession d'un capital,

grand ou petit, est fort utile à tout le monde et qu'elle récompense toujours de la peine que l'on se donne pour l'acquérir.

*11. — Deux choses seulement sont nécessaires pour former le capital : le travail et l'épargne ; mais quoique ces choses s'expriment par des mots bien courts, la formation du capital n'est pas aussi facile que l'on serait tenté de le croire.

Ce qui le prouve, c'est que les ignorants y parviennent rarement ; les paresseux et les dissipateurs, jamais. Ceux-ci ont même amoindri rapidement celui qu'ils tenaient de leurs parents.

Cela vient de ce que, pour former un capital, il faut d'abord se mettre à l'œuvre avec beaucoup de courage et de persévérance en prolongeant la tâche journalière, celle qui procure le pain quotidien, jusqu'à ce que l'on ait gagné une certaine somme en plus de ce revenu indispensable. Il faut ensuite rassembler toutes ces petites sommes, si péniblement gagnées chaque jour et les mettre soigneusement de côté, afin de les préserver de la tentation, si forte, que l'on éprouve souvent, surtout après un long et pénible travail, de dépenser cet argent à s'amuser et à se donner du bon temps, comme on dit.

La formation du capital n'est achevée qu'après

l'accumulation d'une somme suffisante pour être employée à l'un ou l'autre des usages indiqués plus haut ; alors seulement on peut être dédommagé de la peine que son acquisition a coûtée, par l'utilité que l'on en retire.

*12. — La formation d'un capital est rendue plus facile par deux moyens, qu'il dépend de nous-mêmes de mettre en œuvre avec plus ou moins de fruit.

Le premier de ces moyens consiste dans l'instruction et l'éducation qui rendent notre travail plus fructueux et nous permettent ainsi de réserver une plus forte part de son produit pour être employée à former ce capital. Il faut aussi, pour cela, contracter des habitudes laborieuses, en luttant contre la paresse et l'oisiveté, ces deux grandes ennemies du capital.

Le second moyen, c'est d'acquérir des idées et des habitudes de prévoyance, d'ordre, d'économie et d'épargne, par lesquelles l'accumulation des produits du travail est facilitée.

C'est ainsi qu'en Écosse et en Hollande, où l'on enseigne de bonne heure aux enfants ce dicton populaire : « le sou épargné est un sou gagné » et où l'on s'applique à leur donner les bonnes habitudes qui viennent d'être mentionnées, le capital s'accumule avec plus de rapidité que partout ailleurs.

Voir aux chapitres XII et XVII les moyens de conserver, d'accroître et de faire fructifier le capital formé *.

CHAPITRE IV.

Les machines.

1. — Quelle opinion se forme-t-on, en général, sur les machines?
2. — Est-il vrai que les machines privent les ouvriers de travail?
3. — Les avantages dus à l'emploi des machines se bornent-ils à enrichir le fabricant et ne profitent-ils à aucune autre personne?
4. — Quels avantages la classe des ouvriers retire-t-elle de la multiplication des machines?
5. — Comment les ouvriers peuvent-ils éviter d'être déplacés de leur travail par la machine?
6. — Quels sont les faits que l'on peut citer pour confirmer cette vérité que les machines améliorent la condition de l'ouvrier au lieu de lui nuire, et que par elles la société jouit d'une somme de bien-être plus grande et plus également répartie?

1. — Vous avez sans doute entendu exprimer à l'égard des machines et de leur influence sur le bien-être de la société, les opinions les plus contradic-

toires ; les unes admettant que les machines sont pour les hommes des auxiliaires puissants, au moyen desquels ils produisent en plus grande quantité et avec moins de peine. toutes les choses nécessaires à la satisfaction de leurs besoins ; les autres, et c'est le plus grand nombre, pensant au contraire que les avantages des machines ne profitent qu'à ceux qui les possèdent, parce qu'elles les aident à s'enrichir, tandis qu'en enlevant le travail et les moyens d'existence aux ouvriers, elles plongent ceux-ci dans une misère sans fin et sans remède.

2. — L'idée si répandue que les machines tendent à priver les ouvriers de travail et de moyens d'existence, est née d'une observation exacte, mais très incomplète des faits. En réalité, dans les circonstances les plus désavantageuses, les machines déplacent le travail, mais ne l'enlèvent pas à l'ouvrier.

Pour vous convaincre de cette vérité, il vous suffira d'observer attentivement et jusqu'au bout, toutes les conséquences résultant de l'emploi d'une nouvelle machine. Voici un fabricant : il emploie dix ouvriers dans ses ateliers, jusqu'au jour où il invente une machine à l'aide de laquelle il fait autant de produits que ses dix ouvriers dans le même temps. Alors il congédie neuf de ses ouvriers, et il en conserve un pour surveiller la marche de la machine.

Le résultat immédiat de l'invention de celle-ci est donc que neuf ouvriers sont renvoyés et ne trouvent plus rien à gagner, tandis que le fabricant s'enrichit de tout le salaire qu'il leur payait. Mais l'influence de la machine se borne-t-elle là, et pouvez-vous en conclure qu'elle tend seulement à enrichir un homme déjà riche, et à appauvrir un grand nombre d'hommes déjà peu fortunés? Ce serait trop vous hâter, car en toute chose, avant de juger, il faut considérer la fin. — Si le salaire de chaque ouvrier renvoyé était donc de 2 francs par jour, le fabricant gagne 18 francs de plus dans le même temps, et il augmente sa dépense dans la même proportion, que cette dépense consiste en machines, en denrées de consommation ou en objets de luxe. Mais ces choses, pour être confectionnées, exigent précisément le travail de neuf ouvriers, sans ouvrage jusqu'alors et qui seraient payés à raison de 2 francs par jour. Ainsi l'emploi, de la machine, ayant ôté leur occupation à neuf ouvriers, qui doivent chercher du travail ailleurs, fournit, du même coup, de l'ouvrage à neuf autres ouvriers, ou peut-être aux mêmes qui étaient inoccupés et ne trouvaient pas à travailler. Il y a donc compensation, et vous voyez combien j'avais raison de dire, en commençant, que la machine ne fait que déplacer le travail, sans l'enlever aux ouvriers. Le fabricant s'enrichit bien, en récompense de la peine qu'il s'est donnée pour inventer et construire sa machine, mais cette richesse n'est acquise aux dépens de personne, puisqu'elle résulte de ce que des efforts ont été épargnés sans amoindrir le résultat obtenu.

3. — Il peut arriver que le fabricant, se trouvant satisfait des bénéfices que lui procure sa machine, ne cherche pas à les accroître; alors lui seul en profitera; mais il est plus probable qu'il voudra augmenter ses profits, en donnant de l'extension à sa fabrique; il produira plus de marchandises: mais les acheteurs de celles-ci ne s'étant pas enrichis comme le fabricant, ne pourront en acheter davantage, qu'à condition de les payer moins cher; alors le vendeur sera forcé d'en réduire le prix, en se contentant d'un moindre bénéfice, compensé d'ailleurs par la plus grande quantité de produits vendus. Dès ce moment, les acheteurs profitent aussi en partie, de l'épargne d'efforts due à l'emploi de la machine. Enfin, il arrive plus souvent encore, que d'autres fabricants, stimulés par l'appât des bénéfices réalisés à l'aide de la machine, cherchent à en inventer d'analogues, ou à traiter avec l'inventeur pour avoir le droit de se servir de ses procédés; dès lors les marchandises ainsi fabriquées devenant beaucoup plus abondantes, leur prix s'abaisse, et le public profite dans une plus

large mesure encore, du bon marché qui résulte de l'invention.

4. — Si un objet de consommation usuelle coûtait 4 francs avant l'invention de machines propres à le produire plus économiquement, et qu'après la propagation de ces mêmes machines, il ne coutât plus que 2 francs, tout consommateur, en l'achetant, fait une économie de 2 francs, qui se répète à chaque acquisition. Chacune de ces économies le rend donc plus riche de 2 francs, qu'il dépense en sus de son revenu ordinaire, en payant la journée d'un ouvrier qui n'avait pas d'ouvrage. L'économie réalisée par les machines procure donc du travail aux ouvriers, au lieu de leur en ôter, et de plus, en leur permettant d'acquérir à plus bas prix les objets de leur consommation, elles contribuent puissamment à leur bien-être. Bien loin de maudire les machines, les ouvriers doivent donc les bénir, et honorer ceux qui les inventent, comme des bienfaiteurs de l'humanité.

5. — Les machines accomplissent pour l'homme les travaux les plus pénibles et les plus dégradants, tels que le transport des fardeaux, l'épuisement de l'eau, le martelage du fer, etc.

Par là, elles donnent aux travailleurs un loisir qu'ils peuvent utiliser, en perfectionnont leur intelligence. Les machines ne pouvant servir à des travaux qui exigent d'être dirigés par la pensée, l'ouvrier intelligent n'a jamais à craindre d'être remplacé par une machine, comme le serait un manœuvre employé à tourner une manivelle, ou à hisser un fardeau.

6. — Le raisonnement suffit à prouver que les machines en allégeant les efforts humains, sans en amoindrir les résultats, améliorent la condition des ouvriers au lieu de la rendre pire, et qu'elles procurent à la société, qui en fait usage, une somme de bien-être toujours plus grande et plus également répartie, à mesure que cet usage se répand. Mais des faits nombreux, considérables et bien constatés, donnent à cette vérité une évidence plus grande encore, s'il est possible. Voici quelques-uns de ces faits : 1° du temps des Romains, des esclaves broyaient le blé entre deux pierres, chacun d'eux ne pouvait produire par jour qu'une petite quantité de farine, et celle-ci était si chère, que les maîtres seuls mangeaient du pain, tandis que les esclaves qui formaient le plus grand nombre, devaient manger le grain sans qu'il fût broyé. Aujourd'hui que l'on a appliqué à la mouture du blé des machines mues par le vent, les chutes d'eau ou la vapeur, les meuniers ne sont plus esclaves ; leur condition n'est pas inférieure

à celle des autres travailleurs, et tout le monde, les meuniers et les gens les plus pauvres y compris, mangent du pain ; à tel point que vous avez de la peine à vous figurer qu'il a existé un temps où le plus grand nombre parmi les hommes devait broyer le blé avec les dents, au lieu de manger du pain de farine. Que si vous songez aussi, dans quelle proportion considérable s'est accrue la population humaine depuis cette époque, sans être moins bien pourvue, vous aurez une idée des progrès réalisés par l'invention des moulins à farine. — 2° Il y a moins d'un siècle, l'industrie du coton était à peine connue en Europe : on n'employait nulle part de machines pour le travailler ; la plupart des tissus de cette substance venaient de l'Inde, et coûtaient si cher que les personnes les plus riches pouvaient seules se vêtir de ces étoffes. Depuis lors on a inventé et perfectionné un grand nombre de machines et de procédés pour nettoyer, filer, tisser, teindre et imprimer le coton, et aujourd'hui, il n'est de si pauvre ouvrière qui ne porte des cotonnades qu'eût enviées une princesse au commencement du siècle dernier, et cette ouvrière peut renouveler sa garde-robe plusieurs fois en sa vie. Grâces aux machines à coton, des millions d'êtres humains sont aujourd'hui élégamment, proprement, décemment et sainement vêtus avec peu d'efforts, tandis que le travail du coton fait vivre en Angleterre seulement, un dixième de la population, sans compter ce qu'il occupe d'ouvriers dans le reste du monde ; que les cultivateurs des pays chauds produisent aujourd'hui, environ deux mille millions de kilogrammes de coton annuellement, et que des milliers de navires transportent constamment ce coton, tantôt brut, tantôt élaboré, d'un bout du monde à l'autre. Que d'aisance répandue dans la société jusque parmi les plus pauvres de ses membres ! Que de travail procuré à des millions d'ouvriers, par ces bienfaisantes machines à fabriquer le coton ! Que de terres qui jadis étaient incultes, sont aujourd'hui couvertes de riches moissons de cette plante ! — 3° Vers 1830, un voyage de Bruxelles à Paris, en diligence, exigeait trente-six heures de temps et beaucoup d'argent, aussi les gens riches mêmes allaient-ils très rarement dans la capitale de France. Aujourd'hui ce trajet se fait en six heures, et à un prix accessible à des ouvriers qui vont souvent chercher de l'ouvrage à Paris, quand il y est un peu mieux payé qu'à Bruxelles. Vers 1830 aussi, le plus riche capitaliste, le plus puissant monarque même, n'eussent pu franchir la distance entre Bruxelles et Marseille en trente-six heures, eussent-ils dépensé des millions pour cela. Aujourd'hui ce voyage est entrepris par des particuliers d'une fortune très modeste. Vous voyez par là que la locomotive est une admirable machine, car elle ne diminue pas seulement les distances qui séparent les uns des autres des lieux éloignés, mais encore la distance qui sépare le pauvre du riche, puisque avec peu d'argent ils voyagent côte à côte, parcourant le même espace avec la même vitesse. — 4° Enfin, au commencement du quinzième siècle, très peu de personnes savaient lire et écrire ; maintenant, c'est le contraire qui a lieu et presque tout le monde peut se procurer les satisfactions que donnent ces connaissances. Avant la découverte de l'imprimerie, les auteurs et les copistes étaient rares, pauvres et peu considérés ; aujourd'hui les auteurs, les éditeurs, les imprimeurs, sont nombreux, ils occupent dans la société des positions honorables et peuvent devenir riches. Tous doivent ce bienfait à la presse à imprimer. A présent un simple ouvrier qui achète un journal dans la rue, pour 5 centimes, est aussi bien informé que le plus riche, de ce qui se passe dans le monde, et il l'est infiniment mieux que celui-ci ne l'était il y a deux cents ans, avant que l'on publiât des journaux.

Croyez-vous donc qu'il soit encore permis de dire, après avoir médité ces exemples, que les machines creusent un abîme entre le riche et le pauvre, et que l'on ne serait pas mieux fondé à soutenir qu'elles tendent à faire disparaître de plus en plus la distance qui sépare ces deux conditions, en égalisant la somme des satisfactions que tous les hommes peuvent se procurer par le travail ?

CHAPITRE V.

La division du travail.

1. — Comment ce livre a-t-il été fait?
2. — D'autres personnes que le compositeur, le libraire et
l'imprimeur ont-ils coopéré à sa fabrication?
3. — Une personne seule aurait-elle pu faire ce livre?
4. — Comment nomme-t-on la méthode par laquelle ces
travaux ont été appliqués au livre?
5. — En quoi la division du travail est-elle avantageuse?
6. — Comment ce livre coûte-t-il si peu?
7. — Quelle influence la division du travail exerce-t-elle sur
la diffusion des connaissances?
*8. — Quels sont les avantages qu'en retire l'ouvrier?

1. — Si petit que soit ce livre, plusieurs centaines de personnes y ont travaillé. L'auteur écrit, le
compositeur convertit en caractères gravés sur de petites baguettes de plomb l'écriture du manuscrit qui lui
est confié; un ouvrier porte cette écriture métallique
sous une presse, un autre enduit les lettres de noir,

un troisième les couvre d'un papier humide qui reçoit l'impression tandis qu'un quatrième ouvrier fait mouvoir la presse.

Cela fait, le papier mouillé est enlevé et séché ; les mêmes opérations se passent pour chaque feuille de ce livre.

Les feuilles séchées sont portées au brocheur ; chez lui, un aide les plie, un autre les réunit en les cousant ensemble, un troisième les enveloppe d'une couverture, un quatrième les rogne ensuite. L'apprenti du brocheur porte le livre chez l'éditeur. De là ce livre passe chez le libraire où vous l'avez acheté. Voilà comment il vous est parvenu.

2. — Pour l'écrire, l'auteur a dû avoir des précepteurs, acquérir les connaissances nécessaires à son instruction ; lui et le libraire ont dû se procurer du papier.

Les caractères métalliques de l'imprimeur, la presse qu'il a employée, les machines qui ont servi à fabriquer le papier, la poste par laquelle l'éditeur expédie ses livres, les routes sur lesquelles la poste expédie les transports, tout cela a exigé le travail d'une quantité innombrable de personnes sans lesquelles ce livre ne serait pas venu entre vos mains.

3. — Si une seule personne devait écrire le livre, l'imprimer et le brocher, en fabriquer le papier ;

et créer toutes les machines nécessaires à sa fabrication, le livre ne se ferait pas, car jamais la vie d'un homme ne serait assez longue pour apprendre à connaître tous les arts indispensables à cette fin. Tout ce que pourrait faire un homme, c'est de transcrire ce livre sur des peaux d'animaux, comme cela se faisait dans l'antiquité. Mais cette copie ne vaudrait pas le livre imprimé, ne se répandrait que très lentement et coûterait si cher que peu de personnes seraient assez riches pour l'acheter.

4. — Ce livre est donc dû à ce que le travail auquel il doit son existence a été demandé à ceux qui l'entendaient le mieux. C'est cette manière de faire, appliquée à un livre ou toute autre chose, qui s'appelle la division du travail.

Chacun n'acquiert la plus grande aptitude que pour le travail dans lequel il est le plus exercé et qu'il accomplit le plus souvent. Celui qui range continuellement les uns à côté des autres les caractères métalliques, celui qui broche sans cesse les feuilles d'un livre, acquièrent dans cette opération d'autant plus d'habileté qu'ils l'ont faite plus souvent, de même qu'un enfant devient d'autant plus habile à lire et à écrire qu'il répète davantage ces exercices.

5. — La plus grande habileté acquise n'est pas cependant la seule conséquence de la division du tra-

vail ; il en est une autre non moins importante : celui qui exerce continuellement la même profession peut se procurer les outils qui conviennent le mieux à celle-ci, tandis que peu de personnes sont assez riches pour acheter tous les outils nécessaires à l'accomplissement de chaque genre de travail, et que personne ne pourrait acquérir le maniement de tous ces outils, d'autant plus que certains d'entre eux, appelés machines, ne peuvent être mis en mouvement que par le concours de plusieurs personnes.

6. — Par la division du travail, il est possible d'imprimer un livre pour quelques sous à l'aide d'une machine coûtant plusieurs milliers de francs, grâce à la grande invention qui consiste à former, à l'aide de caractères de plomb, une écriture métallique qui peut être imprimée plusieurs centaines de fois, car cela permet de ne pas porter ces lettres en compte à l'acquéreur du livre. L'imprimeur peut immédiatement employer ses machines et ses lettres à la façon d'autres ouvrages.

La division du travail rend possible le bas prix du papier d'un livre, malgré le prix élevé des machines à fabriquer ce papier, puisque le propriétaire de la machine ne l'emploie pas seulement à faire les quelques feuilles de ce livre, mais s'en sert pendant un grand nombre d'années pour confectionner plusieurs milliers de rames de papier.

Par la division du travail, il devient possible de combiner, pour la fabrication d'un objet quelconque, les talents isolés de plusieurs centaines de personnes ; le prix de cet objet, loin d'en être plus élevé, est au contraire abaissé.

7. — Il est facile de mesurer la grandeur de ce bienfait, quand on songe qu'un livre utile peut être acheté aujourd'hui pour quelques francs, tandis qu'avant la découverte de l'imprimerie, on devait l'écrire à la main, ce qui en élevait le prix à plusieurs centaines de francs et que, par conséquent, peu de personnes pouvaient en prendre connaissance.

Depuis la découverte de l'imprimerie, la division du travail permet d'enseigner la science, cette source de la civilisation, en moins d'années que cela n'exigeait de siècles autrefois.

8. — Ce n'est pas seulement par le bas prix auquel elle procure les objets de consommation que la division du travail est avantageuse à tout le monde, elle l'est encore en ce qu'elle donne de l'occupation à une multitude de personnes que leur ignorance, leur faiblesse, leur inhabileté ou leurs défauts corporels rendraient incapables d'un travail exigeant beau-

coup de force, d'adresse, d'intelligence et d'attention. En même temps, elle permet aux hommes qui
sont doués de ces qualités d'en faire un meilleur
usage, en les dispensant de se livrer à des occupations en quelque sorte indignes d'eux et dont des
êtres plus faibles ou moins habiles peuvent se charger.

Il suit de là qu'un bien plus grand nombre d'individus trouvent à gagner des moyens d'existence par
leur travail et que chacun d'entre eux reçoit une
rétribution conforme à l'utilité de ses efforts*.

CHAPITRE VI.

L'échange.

*12. — Démontrer ceci par un exemple.

13. — L'éloignement modifie-t-il l'utilité de l'échange?

14. — Existe-t-il aussi des choses que l'on échange quand on peut les faire soi-même?

15. — Pourquoi se procure-t-on par l'échange, des choses que l'on pourrait faire soi-même?

16. — Pourquoi le pain cher et le pain à bon marché sont-ils des denrées différentes?

*17. — Contre quelle ordonnance divine pèche-t-on là où l'échange avec les habitants de pays éloignés n'a pas lieu?

1. — Vous avez sans doute observé que les campagnards ne font autre chose que cultiver la terre et élever du bétail, que le menuisier n'élabore que du bois, le cordonnier ne fait que des bottes et des souliers, le tailleur des vêtements.

Ce ne sont pas là des métiers bien difficiles, et il ne faut pas beaucoup de temps pour les apprendre ; cependant le cordonnier ne fait pas lui-même les meubles dont il se sert, mais il les laisse faire par le menuisier ; celui-ci ne fait pas ses chaussures, mais il les tient du cordonnier.

2. — C'est encore de la division du travail ; cela résulte des principes exposés dans les chapitres précédents et qui démontrent l'utilité de cette manière d'agir.

Le menuisier emploierait sans doute une semaine

à faire des souliers que le cordonnier confectionne en un jour. Le cordonnier paierait les instruments nécessaires pour faire une table, dix fois plus que la table ne lui coûte, payée au menuisier.

3. — Un homme qui ne fait que labourer un champ récolte sans doute plus de blé qu'il n'en consommera lui-même, mais il n'aura ni vêtements, ni chaussures ni tables, ni chaises.

De même, celui qui ne fait que des bottes en fera beaucoup plus qu'il n'en use, celui qui ne fait que des vêtements ou des meubles en aura au delà de ses besoins, tandis qu'il devra se passer de toutes autres choses.

4. — La division du travail rend donc nécessaire que chacun cède à autrui quelque chose de son superflu, et reçoive en retour une partie du superflu d'autrui. Le cultivateur donne la partie de la récolte et de la viande qu'il ne consomme pas lui-même ; le cordonnier fournit les chaussures, le menuisier les meubles, le tailleur les vêtements.

Le cordonnier donne les bottes au cultivateur pour du blé et de la viande ; au menuisier pour des meubles ; au tailleur pour des vêtements ; et ainsi chacun donne ce qu'il fait pour ce qu'il consomme, son superflu pour ce qu'il désire.

Cela s'appelle l'échange.

5. — Il est facile d'en déduire combien l'échange est utile.

De même que le menuisier mettrait une semaine à faire des souliers, que le cordonnier fait en un jour, de même le cordonnier passerait une semaine à la confection de la table, pour laquelle le menuisier n'a besoin que d'une journée.

Si donc le menuisier fait confectionner ses souliers par le cordonnier et celui-ci sa table par le menuisier pour échanger ensuite ces deux objets l'un contre l'autre, chacun d'eux obtient ainsi par un jour de travail ce qui autrement lui en eût coûté sept. Chacun d'eux a donc gagné ainsi six jours pendant lesquels il peut faire autre chose.

6. — Si, pendant les six jours qu'ils ont gagnés, l'un fait six paires de souliers, l'autre six tables, ils peuvent encore échanger ces objets les uns contre les autres : l'un possèdera alors sept paires de souliers acquises pendant le temps qu'il lui aurait fallu pour en confectionner une seule, et l'autre sept tables au lieu d'une également, et ils peuvent alors se procurer contre cet excédant de tables et de souliers d'autres objets utiles en bien plus grand nombre que s'ils avaient dû les faire eux-mêmes.

L'échange a donc pour résultat de rendre le nombre des jouissances plus grand qu'il ne le serait si ni lui ni la division du travail n'existaient pas.

7. — Tant que les hommes se font tout à eux-mêmes ils n'ont que peu de jouissances. De même qu'ils ne peuvent point s'imprimer des livres, il leur est impossible de se bâtir des maisons commodes, ils ne peuvent se vêtir de tissus, ils ne se procurent que de mauvais outils.

Sans l'échange, chacun doit donc faire tout par lui-même : le lit sur lequel il couche, les vêtements, la vaisselle qui sert au déjeuner, la table sur laquelle on la pose, la chaise sur laquelle il s'assied ; sans l'échange chacun serait privé de tous ces objets, car pour les faire il faut des outils, et la vie d'un homme ni même la durée de plusieurs générations, n'y suffirait pas plus qu'à faire un livre.

8. — Puisque l'avantage qui résulte de la division du travail et de l'échange est dû à ce qu'ils mettent l'homme à même de faire la chose pour laquelle il a le plus d'aptitude, cet avantage devient d'autant plus grand, que ces aptitudes elles-mêmes sont plus variées parmi les hommes qui effectuent l'échange. L'ébéniste peut faire le travail du menuisier plus facilement que le travail du serrurier, celui-ci, par contre fera une clef plus aisément que l'ébéniste. La différence des aptitudes est

naturellement la plus grande entre les habitants des contrées éloignées, situées chacune sous des climats différents.

9. — L'Italien peut produire sur son sol des citrons et des olives, l'habitant de l'Amérique centrale, du coton et du café; l'Allemand des pommes et du lin, chacune de ces choses étant propre au sol et au climat de son pays, il serait presque impossible à l'un d'eux de vouloir produire chez lui les fruits des autres contrées. L'échange entre ces peuples éloignés est donc non seulement avantageux, comme celui qui se ferait entre voisins, mais il est nécessaire s'ils veulent jouir des fruits que ne produit pas leur propre sol.

10. — Le penchant des hommes à jouir des produits de toutes les contrées, et la nécessité de les obtenir par l'échange est une des grandes lois de la sagesse divine, qui a créé tous les hommes pour qu'ils vécussent entre eux en frères, s'aidant mutuellement au lieu de se fuir les uns les autres, comme ils le font chez les peuples sauvages, où l'échange ne se pratique point. Car, par l'échange, tous les hommes ne jouissent pas seulement des dons naturels que la Providence a répartis inégalement sur toute la terre mais ils profitent encore des connaissances particulières à chaque peuple et ils sont intéressés à leur

mutuelle prospérité, de même qu'ils se viennent réciproquement en aide dans l'adversité.

11. — L'échange procure d'autant plus d'avantages
qu'il se pratique entre des personnes dont les professions sont plus différentes, ou qui habitent des
pays éloignés les uns des autres et dont le sol produit des denrées plus variées. Cela vient de ce
qu'ainsi chacun obtient en retour de ce qu'il fait pour
autrui, des objets qui lui servent à la satisfaction de
besoins plus nombreux et plus divers. Par l'échange
chacun obtient donc une plus ample récompense de
son travail, puisqu'il reçoit en retour de quoi mieux
satisfaire tous ses besoins. Cela vient de ce que, si
l'échange ne se faisait pas, personne ne se donnerait
la peine de produire un objet en plus grande quantité qu'il ne lui en faut pour sa propre consommation.
C'est ainsi, par exemple, que le propriétaire d'un
vaste champ n'en cultiverait que la partie sur laquelle
il peut récolter sa propre nourriture, en laissant tout
le reste en friche ; mais s'il peut échanger le froment
les pommes de terre et les autres denrées qu'il obtient
sur ce reste, contre des vêtements, des meubles ou
des instruments aratoires, il se donnera volontiers la
peine de cultiver son champ tout entier. Il fera ainsi
profiter tous ceux avec lesquels il pratique l'échange
de la fertilité de son champ et aussi de l'habileté

qu'il met à le cultiver. Les personnes avec lesquelles il pratique cet échange en agiront de même avec lui et le feront jouir des avantages qu'il retire soit de leur habileté à fabriquer certains objets, soit de ce que la contrée qu'ils habitent est plus favorisée par le climat et par ses productions naturelles.

Si au contraire l'échange n'avait pas lieu, chacun serait privé de tout ce qu'il ne peut pas produire par son propre travail, de tout ce qui ne croît pas dans la contrée qu'il habite.

12. — Si par exemple nous ne pratiquions pas l'échange avec des personnes ou avec des nations qui habitent des contrées éloignées, nous devrions nous passer de vin, d'oranges, de citrons, de dattes, de figues, de coton, de café, de thé, d'or, d'argent, et de beaucoup d'autres objets très utiles ou très agréables que notre pays ne produit pas, et d'un autre côté les habitants des contrées éloignées, tels que les Brésiliens, les Mexicains, les Africains, etc., seraient obligés de se passer d'une grande quantité d'objets qu'ils ne savent pas faire et que nous pouvons leur procurer à bas prix, tels que des assiettes et des plats de faïence, des carreaux de vitres, des bouteilles et des verres, des tissus de coton, de lin et de laine, des vêtements, des ustensiles de toute espèce, etc.

Il résulte de là que par l'échange tout le monde est plus abondamment et plus également pourvu de toutes les choses utiles ou agréables à l'existence.

13. — Il est aussi des choses, cependant, que l'on peut fabriquer dans tous pays, et qui ne sont pas faites dans certains de ceux-ci, mais que l'on peut obtenir au loin par un échange contre d'autres objets. Ainsi, on peut faire de l'acier partout, et pourtant on se procure ce métal en Angleterre, cela n'est-il pas singulier?

14. — Ne peut-on pas aussi cuire le pain dans chaque ménage? cependant on l'achète chez le boulanger et cela uniquement parce que le pain revient à meilleur marché que s'il fallait allumer un feu pour en cuire un seul. Beaucoup de gens ne sont pas assez riches pour payer le bois nécessaire à la cuisson de leur pain quotidien ; d'autres peuvent gagner pendant le temps qu'ils passeraient à pétrir et à cuire, au delà de ce que le boulanger demande pour ce travail.

En voulant se passer des services du boulanger, les uns brûleraient donc plus de bois que ne vaudrait le pain qu'ils cuiraient, les autres emploieraient à pétrir ce pain et à le cuire, un temps qui, mieux utilisé, leur rapporterait plus que ce qu'ils paieraient au boulanger.

15. — Eh bien, il en est entièrement ainsi de l'acier qui vient d'Angleterre. Nous ne le faisons venir de là que pour autant qu'il y soit à meilleur marché que chez nous, et aussi longtemps que nous pouvons gagner davantage par notre travail que ce que nous payons aux fabricants anglais. Chaque quintal d'acier que nous tirons de l'Angleterre est donc un grand bénéfice pour nous. De même que les pauvres pourraient manquer de pain, s'ils devaient le faire eux-mêmes plus chèrement que le boulanger ne peut le leur livrer, de même beaucoup de gens devraient se passer d'acier dans la confection de leurs outils, s'ils ne pouvaient acheter que les aciers qui se font chez nous et qui coûtent plus cher ou sont moins bons que ceux des Anglais.

16. — Du pain ou de l'acier cher, et du pain ou de l'acier à bas prix sont deux denrées différentes; l'une ne peut contenter que les besoins du petit nombre, l'autre satisfait les exigences de la multitude. Là où l'on ne produit le pain et l'acier que chèrement, on n'atteint pas au même degré à la satifaction des besoins que là où le pain et l'acier sont à bas prix. Un kilogramme de fil pour lequel le tisserand doit donner deux mètres de tissu, ou contre lequel un autre doit échanger le salaire de deux journées, n'est pas un moyen de satisfaction de ses

besoins pour celui qui ne dispose que d'un mètre de tissu ou d'une journée de travail ; et lorsque par l'échange au loin on obtient le fil à bon marché, il est plus avantageux d'échanger au loin que dans le voisinage.

17. — Là où l'échange ne s'effectue pas, il ne peut y avoir de division du travail, la misère et la barbarie sont la condition des hommes. Là où l'échange n'a pas lieu entre les habitants des pays éloignés, là, sans contredit, on néglige l'occasion de profiter des avantages de la division du travail qui se réalisent aussi bien entre les différentes zones de la terre qu'entre les habitants d'un même pays.

Il est vrai que l'éloignement entre deux contrées est un obstacle à l'échange en ce qu'il diminue l'avantage qui en résulte, de tous les frais que le transport nécessite. Mais ces obstacles, les hommes font des efforts prodigieux pour les aplanir, ainsi que le démontrent les chemins de fer, les canaux, les routes, les ponts et les ports qui se construisent partout, les nombreux navires à voile et à vapeur qui sillonnent les mers, les voies souterraines que l'on crée à travers les montagnes, etc.

C'est donc une folie et même un crime que d'ajouter à l'obstacle naturel de la distance à franchir, l'obstacle artificiel des prohibitions et des restrictions douanières, qui entravent les échanges plus que ne le ferait une chaîne de montagnes ou une mer semée d'écueils [1].

[1] On verra au chapitre XVIII que l'échange lorsqu'il jouit d'une entière liberté, est aussi un des meilleurs moyens de préserver les peuples de la disette.

CHAPITRE VII.

La monnaie.

1. — Sans monnaie, avec quoi payerait-on?

2. — Pourquoi ce procédé est-il insuffisant, et de quoi s'aiderait-on probablement?

3. — Quelle est l'origine de la monnaie?

*4. — Quelle différence y a-t-il entre l'échange contre de l'argent, et l'échange contre d'autres objets?

Comment nomme-t-on l'échange contre de l'argent?

Quel est le but constant de l'échange contre de la monnaie? Et quels sont ses avantages?

5. — Comment la monnaie facilite-t-elle les relations à de grandes distances?

Comment augmente-t-elle la jouissance de ce qu'on possède?

'6. — Quels services la monnaie peut-elle rendre en temps de disette?

*7. — A quels autres usages la monnaie peut-elle encore servir?

1. — Si le cordonnier, ayant besoin de pain pour sa famille, n'avait à offrir en échange que des sou-

liers, comme la division du travail le comporte, il pourrait arriver qu'il ne pût pas acheter de pain parce que le boulanger n'a pas besoin de souliers, et qu'au contraire il désire un chapeau. Le cordonnier devrait alors chercher un chapelier qui consentit à échanger un chapeau contre des souliers, et ensuite porter ce chapeau au boulanger, pour obtenir en échange le pain désiré.

2. — Tout cela serait bien long ; il viendrait bientôt à l'esprit des gens de faire comme dans l'ancien temps, un reçu d'un objet, et à l'échanger contre cet objet avec celui qui le faisait. Le cordonnier ferait par exemple au boulanger un récépissé de la valeur d'une paire de souliers, qui lui aurait été payée en pain ; le boulanger donnerait ce bon au chapelier pour avoir un chapeau, et enfin le chapelier prendrait au cordonnier une paire de souliers en échange de ce reçu, qui reviendrait ainsi à son auteur.

A la vérité cela serait beaucoup moins incommode que si l'on devait chercher un tiers qui pourrait donner ce que l'on recherche, en éprouvant précisément le besoin de ce qu'on lui offre. De tels récépissés ne seraient cependant acceptés que dans un cercle étroit, c'est-à-dire là où le signataire est connu et où l'on pense qu'il a des souliers en provision et qu'il peut les donner aussitôt qu'on le désire.

3. — A cause de cela on a commencé, même dans les temps les plus reculés, à se servir pour l'échange, de certains objets doués de valeur et parmi ces objets on a donné la préférence aux métaux précieux, à cause de la facilité avec laquelle on les transporte, de leur indestructibilité, et aussi à cause de leur valeur, qui est reconnue et acceptée jusque dans les contrées les plus éloignées.

Plus tard l'usage des métaux, comme intermédiaire dans les échanges, fut encore accru par ce fait, que les gouvernements les divisèrent en petits fragments et les frappèrent d'une empreinte qui en faisait connaître le poids, ce qui dispensa ceux qui s'en servaient et de les peser à chaque fois et d'en vérifier la pureté.

4. — Aujourd'hui le cordonnier échange ses souliers contre de la monnaie, avec laquelle il achète le pain du boulanger. Celui-ci, qui n'aurait pas donné son pain contre des souliers dont il n'a pas besoin, le donne volontiers pour de la monnaie, puisqu'il sait que par ce moyen il pourra obtenir le chapeau qu'il désire.

L'échange contre de la monnaie est ordinairement appelé vente et achat, il est aujourd'hui bien plus en usage que l'échange contre d'autres objets, quoiqu'il ait toujours ce dernier pour but, puisque personne ne désire la monnaie pour la conserver, mais bien parce qu'elle donne la faculté d'obtenir en échange toutes les autres choses que l'on désire.

*La monnaie offre encore un autre avantage, qui n'est pas d'une moindre importance. Il se pourrait que le cordonnier, en voulant échanger une paire de souliers contre un chapeau, n'en trouvât aucun que le chapelier consentît à offrir en retour parce qu'il en estimerait la valeur plus haut. De son côté, le cordonnier ne voudrait pas donner deux paires de souliers, et l'entente ne pourrait pas se faire sur les conditions du marché. L'argent, au contraire, pouvant se diviser en pièces de diverses dimensions, qui correspondent chacune à une certaine valeur, il est facile au cordonnier de vendre une ou plusieurs paires de souliers et d'acheter, avec la monnaie qu'il obtient de cette vente, le chapeau dont il a besoin, en le payant juste ce qu'il vaut *.

5. — Par l'intermédiaire de la monnaie, l'échange devient facile à de grandes distances, car chacun sait en Amérique que, quand un mètre d'étoffe coûte à Bruxelles 4 francs, il peut obtenir 50 de ces mètres pour 1 kilogramme d'argent, si le kilogramme contient 200 francs.

En résumé, l'emploi de la monnaie facilite donc l'échange, en ce que celui qui la reçoit en retour de l'objet qu'il vend peut s'en servir pour acheter la chose qui lui convient, ou même la diviser en plusieurs parties, afin de se procurer pour chacune d'elles les différentes portions de marchandises dont il a besoin.

* 6. — La monnaie est aussi appelée à rendre de grands services à une nation, lorsqu'elle est frappée par une disette ; car alors il s'agit d'obtenir du grain de pays étrangers, qui sont souvent fort éloignés. S'il fallait, pour cela, commencer par exporter d'autres marchandises vers ces contrées pour en obtenir ce grain en échange, le transport de ces marchandises coûterait fort cher et exigerait beaucoup de temps, ce qui rendrait plus difficile de remédier promptement à la disette. Il se pourrait aussi que le pays auquel on enverrait ces marchandises n'en eût pas besoin ; alors on ne pourrait s'en défaire qu'avec peine et en subissant une grande perte sur leur vente, ce qui ne permettrait d'obtenir qu'une faible quantité de blé en retour et n'apporterait, par conséquent, que bien peu de soulagement à la disette.

La monnaie, au contraire, pouvant servir au peuple producteur de blé à se procurer tous les objets qu'il désire, on aura la certitude qu'elle sera acceptée par lui avec empressement ; elle ne subira donc aucune perte et en même temps elle sera transportée plus rapidement et avec moins de frais que toute autre marchandise.

Voilà donc comment la monnaie peut servir à rendre les disettes moins désastreuses*.

7. — La monnaie ne sert pas seulement à faciliter les échanges, elle est encore un des moyens les moins coûteux de transporter les valeurs à de grandes distances et de les conserver disponibles en attendant que l'on puisse s'en servir. Les métaux précieux, en effet, peuvent être renfermés dans un petit espace; ils ne s'altèrent pas par le temps ou par l'humidité comme la plupart des autres marchandises, et leur valeur ne change pas sensiblement dans l'intervalle de quelques années.

*CHAPITRE VIII.

Utilité et prix.

1. — Comment appréciez-vous l'utilité d'une chose?
2. — Quelle relation y a-t-il entre l'utilité des choses et leur prix?
3. — Si ce n'est pas de leur utilité que dépend le prix des choses, qu'est-ce donc qui le détermine?
4. — Le prix des marchandises reste-t-il toujours le même, ou, s'il varie, de quoi dépendent ses variations?
5. — Montrez, par exemple, comment le prix s'élève ou s'abaisse selon les circonstances?
6. — N'y a-t-il aucune limite à la variation des prix?
7. — Quels sont les résultats de la hausse et de la baisse du prix des marchandises?
8. — Éclaircissez cette importante vérité par un exemple?
9. — Quelle conclusion tirez-vous de cela?

1. — Une chose nous est utile quand elle peut servir à satisfaire un de nos besoins, de nos goûts ou de nos fantaisies, comme l'air que nous respirons qui est nécessaire à notre existence, la lumière du

soleil qui nous éclaire, le pain qui apaise notre faim, le vêtement, dont le tissu nous protège contre le froid, le livre dont la lecture nous instruit, nous intéresse ou nous amuse, etc.

Plus le besoin est grand et urgent, plus la chose qui peut le satisfaire a d'utilité ; ainsi, un verre d'eau, pour l'homme qui est prêt à mourir de soif, est beaucoup plus utile que de l'or, des diamants ou des étoffes précieuses. La lumière d'une lampe ne sert à rien pendant que le soleil luit, le charbon est inutile sous les tropiques où il fait toujours chaud, et l'on ne se rend pas utile en important des oranges dans une contrée qui en fournit en abondance.

2. — La seule relation qu'il y ait entre l'utilité d'une chose et son prix ou la quantité de monnaie qu'il faut donner pour l'obtenir, c'est que nulle personne sensée ne consent à acheter ce qui ne peut lui servir à rien. Les choses inutiles n'ont donc pas de prix. Mais ce serait un grand malheur si le prix des choses s'élevait toujours en proportion de leur utilité ; car, dans ce cas, si la chandelle de suif, dont la faible lueur ne perce l'obscurité de la nuit que dans un étroit espace et pendant une heure ou deux, vaut plusieurs centimes, que doit valoir la vive et resplendissante lumière du soleil, qui éclaire la moitié du globe pendant douze heures du jour ? Ce serait in-

calculable; et cependant cette lumière ne coûte rien. Si le prix des choses s'élevait avec leur utilité, le pain qui nourrit le pauvre serait plus cher que les friandises dont se régale l'enfant du riche, l'eau vaudrait plus que le vin, le grossier vêtement de laine, qui abrite contre le froid serait incomparablement plus cher qu'un volant de fine dentelle.

3. — Le prix des choses ne dépend donc pas de leur utilité seule; il faut encore, d'une part, que cette utilité soit appréciée et qu'on la désire; d'autre part, qu'il ne soit pas possible de l'obtenir sans faire des efforts, ou sans récompenser les efforts que d'autres ont fait pour nous la procurer. Ce n'est qu'à ces conditions qu'un objet a du prix. Aussi la chose la plus utile du monde est l'air que nous respirons, et sans lequel nous ne pourrions vivre : il ne coûte rien cependant, parce que nous en jouissons sans aucun effort. Le pain est utile aussi, mais il faut le payer, car on ne peut l'obtenir qu'en récompensant les efforts successifs du cultivateur, du meunier et du boulanger.

4. — Le prix des marchandises ne reste jamais le même dans tous les temps ni dans tous les lieux, car il y a deux causes qui tendent constamment à le faire varier : l'une, c'est la difficulté plus ou moins grande que l'on éprouve à produire sa marchandise;

4

ce qui fait qu'elle est rare ou abondante ; l'autre, c'est le besoin ou le désir plus ou moins grand que l'on a d'acheter cette marchandise ; du moins, lorsque l'on a en même temps le moyen de la payer. On désigne généralement la première cause sous le nom d'offre, et la seconde est appelée demande, on dit alors que le prix d'une marchandise varie selon le rapport de l'offre à la demande. Elle est, en effet, à bas prix, quand elle est beaucoup offerte et peu demandée, c'est-à-dire lorsqu'elle a été produite en abondance, sans que les acheteurs en éprouvent un grand besoin ou sans qu'ils puissent en acheter beaucoup.

Le prix de cette marchandise s'élève, au contraire, quand la demande dépasse l'offre qui en est faite, c'est-à-dire dans le cas où il se présente beaucoup d'acheteurs qui en ont besoin et peu de vendeurs qui l'ont produite.

5. — Le prix du blé, par exemple, s'élève dans les années où sa production est diminuée par suite d'une mauvaise récolte. Ce prix peut augmenter aussi, même sans que la production du blé ait diminué, si la population du pays augmente au delà de ce que la culture en peut nourrir sans plus de peine que d'ordinaire. Le prix du blé diminue, au contraire, à la suite d'une récolte surabondante, et

aussi quand une partie de la population quitte le pays, sans que la culture du blé y soit diminuée.

6. — Le prix d'une marchandise ne peut jamais s'élever très haut ou tomber très bas, sinon accidentellement et pour peu de temps. Quand un objet devient très cher, celui qui en a besoin, calcule, avant de l'acheter, s'il ne l'obtiendrait pas à moindre prix en le faisant lui-même, ou s'il ne ferait pas mieux de s'en passer que de s'imposer un si grand sacrifice pour l'avoir, et, dans l'affirmative, il refuse de l'acheter jusqu'à ce que le vendeur en abaisse le prix.

Supposez, par exemple, que le cordonnier vous demande dix journées de votre travail en échange d'une paire de souliers; si vous savez les faire vous-même, et si vous calculez que le cuir vous coûtera trois journées et la façon deux autres jours, vous ne consentirez à donner au cordonnier que cinq jours de votre travail contre ses souliers. Si vous ne savez pas les faire vous-même, vous préférerez peut-être marcher nu-pieds ou vous servir de sabots, à sacrifier dix jours de votre travail, et vous n'achèterez pas les souliers à un tel prix. Il faudra bien alors que le cordonnier les cède à moins, s'il, veut s'en défaire.

Le prix d'une marchandise ne peut non plus s'abaisser pour longtemps, au-dessous de ce qu'elle coûte à produire, car alors plus personne n'a intérêt à fabriquer, et l'offre cesse ou se ralentit jusqu'à ce que le prix se relève assez pour laisser un profit au producteur.

Si votre cordonnier, par exemple, a besoin de quatre journées de travail pour vous faire une paire de souliers, et que vous ne lui en donniez que trois en retour, il est possible que la nécessité l'y fasse consentir une fois, mais il ne pourrait jamais continuer à faire de semblables marchés, qui l'auraient bientôt ruiné.

7. — On considère assez généralement la hausse du prix d'une marchandise, comme un mal pour les acheteurs et un bien pour les vendeurs, et la baisse de ce prix comme un bien pour les premiers et un mal pour les derniers, sans avoir égard aux causes de l'une ni de l'autre. C'est ce qui fait qu'un tel jugement est sujet à erreur, et que, pour ne pas se tromper, il faut y regarder de plus près.

Quand la hausse est causée par l'augmentation de la demande, cela dénote que les acheteurs sont devenus plus riches, puisqu'ils peuvent acheter davantage, et alors le mal de payer plus cher n'est pas grave. D'un autre côté, le bénéfice que cette hausse procure aux vendeurs est pour eux un stimulant à accroître leur production, ce qui tend à diminuer le prix, tout en augmentant la quantité des utilités produites, au profit de tous, De la hausse produite par cette cause, il résulte donc un bien général.

Si la hausse provient d'une augmentation des frais de production, comme, par exemple, celle du pain, à la suite d'une mauvaise récolte, il n'en résulte aucun bien pour le vendeur ; au contraire, car les acheteurs ne s'étant pas enrichis par cette cause, ils ne peuvent acheter plus cher sans acheter moins, et quand le producteur vend moins, son gain est moindre aussi.

Enfin, pour l'acheteur, qui paie plus pour obtenir la même chose, la perte est évidente. Le prix s'est élevé, mais l'utilité a diminué ; il n'y a eu gain pour personne, mais perte pour tout le monde.

Il en est de même pour la baisse du prix, lorsqu'elle est le résultat d'une diminution de la demande faite par les consomateurs. En effet, cela prouve qu'ils se sont appauvris, puisqu'ils ne peuvent plus acheter autant ; et, ne le pouvant plus, ils ne profitent pas de la baisse ; ils n'y gagnent donc rien. Les producteurs y perdent de leur côté, puisqu'à la baisse du prix correspond une diminution de leur profit, c'est-à-dire une perte.

La baisse du prix est donc ici le résultat d'une di-

4.

minution de l'utilité, à laquelle tout le monde perd, sans que personne y gagne.

Quand la baisse du prix provient d'une réduction des frais de production ou du prix de revient, jointe à la concurrence des producteurs, ceux-ci y gagnent au lieu d'y perdre, car la baisse ne porte pas sur leur bénéfice et ils peuvent vendre davantage et réaliser ainsi ce bénéfice plus souvent.

Le consommateur, en effet, peut acheter d'autant plus de marchandise qu'elle est à meilleur marché, sans avoir besoin, pour cela, d'être devenu plus riche. Il y gagne donc une économie, s'il continue d'acheter la même quantité ; il augmente ses jouissances, s'il achète davantage sans payer plus.

Il y a donc ici gain pour tout le monde sans que ce gain soit une perte pour personne, car il provient d'une baisse du prix sans diminution d'utilité, ce qui équivaut à une augmentation d'utilité obtenue pour le même prix.

8. — Cette vérité est assez importante pour mériter d'être confirmée par un exemple.

Un pain de deux kilogrammes se vend un franc.

A ce prix, beaucoup de familles pauvres ne peuvent acheter que quatre pains par semaine, ce qui, à 10 centimes par pain, donne au boulanger un bénéfice de 40 centimes par famille et par semaine, et fr. 3,60 pour les frais de production du pain. Ayant adopté un pétrin mécanique et un four à feu continu alimenté à la houille, ses frais de production ne sont plus que de 40 centimes par pain, le bénéfice continuant d'être de 10 centimes. Mais les familles pauvres peuvent maintenant acheter huit pains par semaine sans payer davantage, ce qui augmente leur aisance ; et d'autres, qui ne se nourrissaient que de pommes de terre, peuvent maintenant substituer, en partie, le pain à cet aliment ; le boulanger, de cette façon, vend au moins le double et gagne, par conséquent, plus de deux fois autant qu'avant son invention, dont il cède cependant toute l'économie aux consommateurs.

9. — Il résulte de là qu'il y a toujours de l'avantage pour le producteur à perfectionner les procédés et les instruments dont il se sert dans la production, même quand il réduit le prix de sa marchandise de toute l'économie qu'il opère ainsi. Cela vient de ce qu'il vaut mieux fonder son revenu sur la grande quantité de marchandise vendue, que sur l'élévation de son prix. Et cela encore parce que les riches qui peuvent payer cher ce qu'ils achètent, sont toujours en petit nombre, comparativement aux gens peu aisés et aux pauvres qui ne peuvent acheter que des choses à bas prix.

Augmenter l'utilité des produits, sans en augmenter le prix, ou diminuer le prix sans amoindrir l'utilité du produit, tel est donc le but que tout producteur doit chercher à atteindre.

En y parvenant, non seulement il gagnera plus, mais il gagnera plus sûrement. Le fabricant de porcelaine vendra bien à des riches, dans des temps prospères, quelques douzaines d'assiettes peintes et dorées, à 24 francs la douzaine, en réalisant sur chacune un bénéfice de 4 francs ; mais, dans les temps de crise, ces riches se passeront facilement de ces belles assiettes et se contenteront d'une vaisselle plus modeste. Le faïencier au contraire vendra des milliers de douzaines d'assiettes en faïence unie, à un franc la douzaine, sur laquelle il ne gagnera que 10 centimes, mais en temps de prospérité ou d'adversité, tant qu'il y aura quelque chose à manger, on se servira de ses assiettes de faïence et la fabrication n'en chômera jamais.

Le profit ordinaire du faïencier peut être le même que celui du fabricant de porcelaine, si le premier vend quarante douzaines d'assiettes pendant que le second en débite une seule, et si l'on considère combien il y a de gens pauvres pour un riche, on trouvera que cette proportion n'est pas exagerée. Mais en temps de misère ou de cherté de toutes choses, les riches cesseront d'acheter des assiettes de porcelaine et ils remplaceront celles qui se cassent par de la faïence, tandis que les pauvres, qui ne peuvent guère se passer d'assiettes, continueront de s'en pourvoir chez le faïencier à peu près comme par le passé. Il suit de là que le revenu de ce dernier étant plus assuré que celui du fabricant de porcelaine, est donc en réalité plus considérable[*].

CHAPITRE IX.

Le fabricant et l'artisan.

1. — Quelle est l'utilité d'un lopin de fer?
2. — Quelles sont les choses que l'on en peut façonner?
3. — Quelle est l'utilité d'une balle de coton, et que peut-on confectionner avec cette matière?
4. — Quelle est l'utilité de l'argile et quelles sont les choses qu'on en peut faire?
5. — Quelle est l'utilité d'un arbre qui ne donne pas de fruits, et à quoi peut-il servir?
6. — Quel est celui qui fait des objets utiles de ce qui n'a aucune utilité?
7. — Comment opère l'artisan?
*8. — Quelle est l'utilité du fabricant ou du manufacturier?
*9. — En quoi le profit du fabricant diffère-t-il de l'intérêt du capital et du salaire du travail?
*10. — Comment la division du travail s'applique-t-elle à la profession du fabricant?
*11. — Quelle est la différence entre le fabricant et l'artisan?
*12. — Pourquoi les grandes entreprises exigent-elles le concours de l'association?

1. — Quelle est l'utilité d'un bloc de fer brut?

Certainement elle est très faible, on peut à peine en tirer plus d'utilité que d'une lourde pierre et s'en servir, par exemple, comme d'un objet pesant ou pour combler un trou.

Mais quand ce bloc de fer a été laminé ou façonné par le forgeron, ou transformé en couteaux, ciseaux ou autres outils par le taillandier, combien alors il a acquis d'utilité !

2. — Sans ces instruments, on pourrait à peine exécuter la dixième partie des travaux qui font vivre les hommes. On devrait retourner la terre avec les mains, peu de ces mains resteraient disponibles pour d'autres travaux, et l'humanité entière tomberait dans la misère et la barbarie.

3. — Quelle est l'utilité d'une balle de coton? Certes, elle est très faible. Elle ne peut servir à rien autre qu'à en faire des matelas, mais, qu'on la donne à un filateur, et il la transformera en fil qui servira à tricoter des bas ou à façonner des vêtements qui sont certainement des choses d'une haute utilité, car sans vêtements nous péririons de froid.

4. — Quelle est encore l'utilité de l'argile dans laquelle nos pieds restent engagés, et où s'enfoncent les roues des voitures, quand il pleut? Là où elle gît, cette argile est sans utilité, et voyez cependant ce qu'on en fait.

On en fait des briques dont nous bâtissons nos maisons, les tuiles dont nous les couvrons, les assiettes dans lesquelles nous mangeons, les cruches dans lesquelles nous buvons : tous ces beaux objets que nous voyons dans un magasin de porcelaine ne sont autre chose que de l'argile !

5. — Quelle est l'utilité de l'arbre qui ne porte pas de fruits ? Peut-être l'ombre qu'il donne, et c'est tout. Nous ne pourrions pas l'abattre sans un outil fourni par un fabricant ou un artisan. Nous ne pourrions pas le réduire en planches sans le moulin à scier ; c'est cependant ce bois qui soutient nos maisons, ce bois dont nos meubles sont faits, dont on construit les voitures et les navires qui servent à transporter les hommes et leurs produits.

6. — Toutes ces choses, que la nature nous fournit à l'état brut et sans qu'elles nous soient utiles en rien ou sans qu'elles puissent nous être d'un grand usage sont tranformées en objets d'une incontestable utilité par la main de l'homme, aidée et dirigée par le génie dont il a été doué.

On appelle fabricant ou artisan les hommes qui s'emparent de toutes ces choses pour leur donner l'utilité que nous recherchons.

7. — L'artisan opère avec ses propres mains, ou avec des outils dirigés par ses propres forces, ces

étonnantes transformations des choses inutiles en objets utiles ; il consacre son activité de préférence à satisfaire les besoins immédiats de sa localité, les désirs et les goûts des individus ; il doit avoir appris quelque chose, il est responsable de la bonne qualité de son travail, car il demeure dans une certaine mesure lié à ses œuvres. Si celles-ci se cassent ou se gâtent, il accourt à l'appel de la ménagère pour réparer le dommage ou pour tirer encore quelque utilité des débris : il fait aujourd'hui une table de belle apparence, et lui remet un pied au bout d'une dixaine d'années ; un autre fait aujourd'hui un habit neuf au père, et quand il ne peut plus servir à celui-ci, il en façonne encore une jaquette pour le fils.

8. — Le fabricant, aidé de capitaux presque toujours considérables qu'il possède lui-même ou qu'il emprunte, fait ordinairement usage de machines dont l'emploi dispense le simple ouvrier de l'apprentissage professionnel de l'artisan. Ces machines sont mues principalement par la force de la vapeur et de l'eau. Il emploie la division du travail dans une mesure plus étendue que l'artisan, puisque, dans la confection de ses produits, il fait préparer les diverses parties dont ils se composent, par des ouvriers d'aptitudes variées, aidés de différentes machines.

Le fabricant ou manufacturier, ne met pas lui-même la main à l'œuvre comme l'artisan ; il ne travaille pas, comme celui-ci, à satisfaire les besoins des habitants d'une seule localité, mais sa tâche n'en est que plus élevée et plus utile. Il consacre une partie du capital dont il dispose, à construire les bâtiments de sa fabrique et à y établir les machines et les appareils qui doivent y fonctionner. Une autre partie de ce capital lui sert à l'acquisition des matériaux à élaborer ; il dépense le restant au salaire de ses employés et de ses ouvriers, ainsi qu'à ses propres besoins.

Il calcule la quantité et fixe la qualité des marchandises qu'il pourra vendre avec avantage aux consommateurs selon leurs besoins ou leurs goûts, et pour fabriquer ces objets, il commande à ses employés et à ses ouvriers, et surveille la marche de leurs opérations, jusqu'à ce que l'œuvre soit complète.

9. — De sa probité, de son habileté et de son activité, dépend le succès de l'entreprise qu'il dirige, s'il réussit, le gain est pour lui, s'il ne réussit pas, il supporte seul la perte, car qu'il gagne ou qu'il perde, il doit toujours payer l'intérêt du capital qui lui a été prêté, et restituer celui-ci en entier à l'expiration du prêt ; qu'il fasse fortune ou qu'il se ruine, il n'en doit

pas moins payer à ses employés et à ses ouvriers, le salaire convenu.

Puisqu'il s'expose seul à tous les risques de perte de son entreprise, il est juste aussi qu'il profite seul de tous les bénéfices qu'elle donne, et si ces derniers paraissent quelquefois excessifs, c'est que la fortune du fabricant qui réussit est apparente et s'aperçoit facilement, tandis que l'industriel qui se ruine, se retire des affaires et va cacher sa misère au loin.

10. — Quand sa fabrication est très importante, il est obligé d'y consacrer toutes ses facultés, d'une manière exclusive, et il doit avoir recours à l'intermédiaire d'un négociant pour le placement de ses marchandises.

De cette façon, il peut accorder plus de soins à ses propres occupations, et il y gagne ordinairement de pouvoir fabriquer ses marchandises de meilleure qualité et à moins de frais.

De son côté, le négociant qui se charge ordinairement de la vente des produits de plusieurs fabricants, tels que des tissus de laine ou de coton, des objets de porcelaine ou de faïence, etc., s'en occupe d'une manière toute spéciale, sans faire autre chose ; il acquiert ainsi une grande habileté à vendre ses marchandises dans les meilleures conditions, c'est-à-dire à en placer beaucoup, à en obtenir un prix élevé et à ne choisir que des acheteurs offrant de bonnes garanties de paiement.

Il arrive souvent aussi que le fabricant confie à un autre négociant le soin d'acheter pour lui les matières premières qu'il transforme dans sa fabrique, et quoi qu'il doive alors payer le prix de cette entremise, il n'en profite pas moins de l'habileté et de l'expérience que ce négociant acquiert, en ne s'occupant que d'un même genre d'achat.

Voilà comment la division du travail s'applique avec avantage à la profession du fabricant, et cet avantage est d'autant plus grand que la fabrication est plus considérable ou que les manufactures sont plus nombreuses.

C'est surtout pour cette raison que l'on voit presque toujours les manufactures de même espèce se grouper autour d'un même centre.

11. — Les artisans et les fabricants sont donc tous deux des membres estimables et utiles de la société humaine. L'artisan nous est indispensable puisqu'il acquiert les aptitudes nécessaires à la satisfaction de nos besoins, et qu'il est toujours prêt à nous rendre service. Le fabricant est plus utile encore, car, par sa profession, il s'applique à satisfaire à très bas prix des besoins généraux, et il procure ainsi à une grande

partie de la société, des satisfactions auxquelles, sans lui, elle ne pourrait atteindre.

C'est ce qui fait que la manufacture de ce dernier remplace peu à peu, du moins en partie, l'humble atelier de l'artisan : car le fabricant, ayant plus de connaissance, possédant un plus grand capital et pouvant mieux appliquer la division du travail à sa fabrication, peut donner ses marchandises à bien meilleur marché que celles qui sont confectionnées par l'artisan, même en se servant de l'intermédiaire d'un marchand, dont ce dernier peut se passer.

*12. — Il y a aussi des entreprises si importantes et qui doivent durer si longtemps, que la vie, le capital et les capacités d'un seul fabricant ne pourraient y suffire ; telles sont, par exemple, la construction et l'exploitation de canaux et de chemins de fer, l'extraction de la houille à de grandes profondeurs, etc. Cette durée, ces capitaux et ces capacités ne peuvent alors être obtenus que par l'association de plusieurs personnes, qui choisissent, pour la diriger, un conseil d'administration. Le capital est divisé en un grand nombre de parts, que l'on nomme « actions » et dont la valeur varie de mille à cent francs et même moins, de manière à permettre à beaucoup de gens, fussent-ils peu riches, de prendre part à ces grandes et utiles entreprises, dont le nombre va sans cesse croissant.

C'est au moyen de ces grandes associations de capitaux, que l'on est parvenu, par exemple, à exécuter ces immenses travaux d'utilité publique, tels que des chemins de fer qui parcourent des milliers de lieues, des télégraphes électriques traversant les mers et les océans et qui auront bientôt fait le tour du monde entier, tels encore l'isthme de Suez traversé par un canal navigable, le mont Cenis percé d'un tunnel ou chemin souterain de douze kilomètres de longueur et qui abrège considérablement le trajet entre la France et l'Italie*.

*CHAPITRE X.

L'ouvrier.

1. — A qui donne-t-on le nom d'ouvrier?
2. — En quoi l'ouvrier est-il utile?
3. — L'ouvrier étant aussi utile à l'accomplissement d'une entreprise que le patron lui-même, pourquoi sa part dans ses profits de celle-ci est-elle moindre que la part de ce dernier?
4. — Les ouvriers ne pourraient-ils pas se passer de leur patron, diriger eux-mêmes l'entreprise et s'en partager les profits?
5. — De quelle manière l'ouvrier est-il payé de son travail?
6. — Quelle difficulté offre le paiement à la journée?
7. — Pourquoi la tâche journalière, accomplie par l'ouvrier diminue-t-elle quand la durée de son travail est prolongée au delà de certaines limites?
8. — Quel avantage y a-t-il à payer l'ouvrier à la tâche?
9. — A quoi l'ouvrier doit-il employer son salaire?
10. — Quelles sont les obligations de l'ouvrier envers ses enfants?
11. — Quelles sont les relations qui doivent exister entre le patron et l'ouvrier?

1. — Le fabricant et l'artisan, le cultivateur et le commerçant ont besoin d'hommes qui exécutent le travail manuel, exigé par leurs diverses professions. C'est à ces hommes, qui se sont préparés par un apprentissage spécial, à fournir le genre de travail qui leur est demandé, que l'on donne le nom d'ouvrier. Quand il a accompli convenablement le travail qui lui a été commandé par son patron, il doit en être payé par ce dernier, sans être responsable néanmoins de son bon ou de son mauvais résultat, sans avoir à s'inquiéter si le patron a gagné ou perdu en achetant son travail.

2. — Si le fabricant devait lui-même filer son lin ou battre son fer, il ne pourrait certainement pas maintenir en activité les machines de ses ateliers. La plus grande partie en demeurerait immobile. En même temps, tandis qu'il s'occuperait de ce travail, il n'aurait ni le loisir, ni la liberté d'esprit nécessaires pour bien combiner ses opérations productives et en diriger l'exécution. Les différents ouvriers qu'il emploie, lui permettent de maintenir constamment ses machines en activité et d'accomplir lui-même la tâche pour laquelle il a acquis une aptitude particulière par son instruction et son expérience. Vous voyez par là que la division du travail (dont nous avons reconnu les avantages dans le troisième chapitre), fait des ouvriers, une classe de producteurs aussi utiles que le fabricant lui-même, puisque leur coopération est indispensable à la confection de ces produits. Il en est de même des commerçants, qui expédiraient peu de marchandises en une semaine s'ils devaient eux-mêmes les peser, les emballer, et les charger sans l'aide d'ouvriers, ou s'ils devaient les transporter au-delà des mers, sans le concours des matelots.

On comprend, de même, qu'il en est ainsi du cultivateur, de l'exploitant de mines et de la plupart des artisans, tous ayant plus ou moins besoin de l'assistance de travailleurs pour mener leurs entreprises à bonne fin sans perte de temps.

3. — L'intervention de l'ouvrier est donc aussi indispensable que celle du fabricant à l'accomplissement d'une entreprise productive, telle qu'une fabrication, une culture, ou un commerce, et cependant la part du travailleur dans le profit est ordinairement moindre que celle du patron.

Vous serez sans doute tenté de dire que cela n'est pas juste, mais en y réfléchissant mûrement, vous comprendrez que cette différence tient à trois causes qui la légitiment complètement.

La première de ces causes est que dans une même entreprise les ouvriers étant plus nombreux que les patrons, la part qui revient à leur travail, distribuée entre tous, est moindre pour chacun d'eux. En second lieu, le patron a dû acquérir des connaissances plus étendues, qui ont exigé des études plus longues et plus difficiles que l'apprentissage d'un simple travailleur. Il est donc juste aussi qu'il en obtienne une récompense plus élevée. Enfin, en troisième lieu, le patron prend à sa charge tous les risques et toute la responsabilité de l'affaire qu'il entreprend. En cas d'insuccès, toute la perte est pour lui seul, car l'ouvrier n'en reçoit pas moins son salaire, et le capitaliste, l'intérêt de ses avances.

Il est donc équitable qu'en cas de réussite, le plus grand bénéfice soit pour lui.

4. — Les ouvriers ne peuvent se passer du patron pour la direction de l'entreprise, de même que celui-ci ne peut se passer d'eux pour l'exécution du travail manuel qu'elle réclame ; car cette direction doit être exercée par une seule personne.

Si les travailleurs voulaient diriger les affaires eux-mêmes, ils s'apercevraient bientôt qu'il leur manque, pour cela, des connaissances spéciales. Ils verraient aussi qu'en délibérant entre eux sur les affaires de l'entreprise, ils perdraient le temps qu'ils auraient dû consacrer au travail ; chaque résolution prise par eux, même quand elle serait fondée sur les meilleurs motifs, ce qui est douteux, coûterait beaucoup plus que si elle avait été prise par un directeur unique, et au lieu de profits ce serait très probablement des pertes que les ouvriers auraient à partager entre eux.

5. — Le prix que l'ouvrier reçoit de son travail, ou le salaire, est ordinairement évalué d'après le temps qu'il y a consacré, ou selon les résultats produits par son labeur, quand il est possible de les évaluer. Dans le premier cas, on dit que l'ouvrier est payé à l'heure, à la journée, à la semaine, ou mois, ou à l'année, selon la division du temps qui est prise pour unité. Dans le second cas, on dit que l'ouvrier travaille à la tâche.

6. — On évite, dans la plupart des cas, de payer les ouvriers à la journée, quand leur travail peut être évalué d'après une autre mesure, à moins que ce ne soient des personnes en qui l'on puisse avoir pleine confiance. Car, lorsque les ouvriers sont ainsi payés, il arrive que les plus actifs et les plus intelligents n'étant pas mieux récompensés que les paresseux et les faibles, se découragent promptement, et règlent leur travail d'après celui de ces derniers ; tellement que l'on travaille le moins possible. Le patron doit aussi ajouter, au salaire qu'il paie à ses ouvriers à la journée, les frais de la surveillance qu'il faut exercer sur eux.

Le paiement du salaire à la journée est donc nuisible au patron, sans être avantageux au bon ouvrier, qui n'est pas récompensé en proportion de son intelligence et de son zèle. Quand le salaire est payé à la journée, le patron est souvent tenté de prolonger la durée du travail. Mais l'expérience a enseigné que cette durée ne peut excéder douze heures par jour, en y comprenant le temps des repas, sans que la tâche journalière à accomplir en soit diminuée au lieu d'augmenter. Ce fait se vérifie encore à plus forte raison quand il s'agit du travail des femmes et des enfants.

7. — Il y a deux causes, qui font que l'ouvrier fournit moins de travail quand on en prolonge la durée au delà de certaines limites. D'abord, ses forces épuisées ont besoin d'un assez long repos pour se rétablir, et quand on exige de lui trop d'heures de travail, ce repos n'est plus suffisant et sa fatigue n'est pas assez dissipée le lendemain pour recommencer sa tâche avec la même ardeur. Ensuite, la prévision de la fatigue, qui l'attend vers la fin de la journée, engagera l'ouvrier à ralentir son travail dès le commencement, et dans la crainte de trop épuiser ses forces, il en sera peut-être trop économe pendant toute sa durée.

8. — L'ouvrier qui travaille à la tâche, la com-

mence dès le matin avec ardeur, afin de pouvoir l'achever plus tôt et de jouir ainsi d'un repos suffisant, dont il apprend bientôt à connaître la valeur. La certitude d'être payé suivant la tâche accomplie, lui donne du courage et il cherche les moyens de diminuer ses efforts en continuant d'en obtenir les mêmes résultats. Ce qui excite son esprit d'invention et lui fait trouver les meilleurs outils et les procédés les plus propres à abréger son travail. Le patron n'a qu'à surveiller la quantité et la qualité du travail accompli, ce qui est presque toujours plus facile que la surveillance qu'il aurait à exercer sur l'assiduité au travail de ses ouvriers payés à la journée. Le payement à la tâche est donc avantageux au patron et à l'ouvrier.

9. — Beaucoup d'ouvriers ont à peine reçu leur salaire, qu'ils se hâtent de le dépenser. La boisson et les plaisirs en absorbent une grande partie. Ce qui en reste est pour le ménage, et ils s'estiment heureux quand ils peuvent atteindre au samedi sans avoir dû s'imposer trop de privations. Une telle conduite mène presque sûrement vers la misère, quelque élevé que soit le salaire, car elle met le travailleur dans l'impossibilité de lutter avec succès contre les risques nombreux de maladie, de cherté, de chômage, de vieillesse ou de mort prématurée, auxquels

il est exposé, et dont les conséquences, pour lui et
pour sa famille, sont la misère et le malheur. Supposons même qu'il parvienne à se soustraire à ces
ces dangers, dont il est sans cesse menacé, encore
évitera-t-il difficilement de contracter des dettes,
c'est-à-dire d'être obligé de demander crédit au propriétaire de sa maison, au boulanger, à l'épicier et à
ses autres fournisseurs. Or, dans le chapitre III consacré au capital, vous avez vu que les conditions de
l'emprunt sont d'autant plus onéreuses au débiteur,
qu'il offre moins de garantie pour la restitution du
prêt. De là résulte que le pain et les autres objets,
quand ils sont achetés à crédit, coûtent plus cher
que lorsqu'on peut les acheter comptant, et la différence est suffisante pour réduire le travailleur à la
mendicité. L'ouvrier prévoyant qui aime sa famille,
doit donc toujours régler sa dépense d'après ces trois
principes, qu'il devrait toujours avoir présents à la
mémoire : 1° procure-toi le nécessaire avant l'utile,
et l'utile avant l'agréable ; 2° paye au comptant tout
ce que tu achètes, car la dette est le précurseur de
la ruine ; 3° garde une poire pour la soif, épargne
quelque chose pour l'avenir sur le salaire de chaque
semaine. Dans l'avant-dernier chapitre de ce livre
nous indiquerons, comment les caisses d'épargne,
de secours mutuels et de retraite viennent en aide

au travailleur, qui veut se garantir contre l'adversité, que l'avenir pourrait lui réserver.

10. — De même que l'ouvrier est devenu honnête, actif et éclairé, par suite du soin qu'ont eu ses parents de développer en lui ses bonnes qualités, de même qu'il leur doit d'être devenu un travailleur habile, puisqu'ils lui ont fait faire l'apprentissage nécessaire pour cela chez un patron, de même il doit avoir soin de l'éducation de ses propres enfants et leur faire apprendre un métier ou une profession. Il y sacrifiera une portion de son temps ou de son salaire. Par là il gagnera leur affection et leur reconnaissance, et ils deviendront l'aide et le soutien de sa vieillesse. S'il néglige l'accomplissement de ce devoir, il doit s'attendre de leur part à l'abandon et au mépris, et il aura le chagrin de voir ses enfants se conduire mal et tomber dans la misère. La partie de son salaire qu'il consacre à l'éducation et à l'apprentissage de ses enfants, est donc de l'argent bien placé, et il ne saurait leur laisser un meilleur héritage.

11. — Le patron doit être juste et bon envers ses ouvriers ; c'est en leur donnant les moyens d'améliorer leur condition eux-mêmes et par leurs propres efforts, qu'il en obtiendra un travail zélé, les services les plus dévoués, car autrement ils n'ont aucun intérêt direct à se bien conduire envers

lui. De leur côté, les ouvriers doivent témoigner de l'estime à leur patron et avoir toujours en vue ses intérêts ; car s'il s'enrichit, il peut leur assurer un travail plus constant et mieux rémunéré ; s'il s'appauvrit au contraire par leur négligence ou leur mauvaise volonté, il ne peut plus les payer aussi bien ; peut-être même sera-t-il obligé de les congédier et leur sera-t-il difficile alors de trouver du travail ailleurs. Le travail s'accomplit donc dans les meilleures conditions, quand les relations entre patrons et ouvriers sont empreintes d'une mutuelle bienveillance.

CHAPITRE XI.

Le marchand.

1. — Quel est le reproche que l'on fait au commerçant
quant à son travail différent de celui de l'artisan ou
du cultivateur ?
2. — Comment produit le commerçant ?
3. — Comment peut-on comparer sa manière d'agir avec
celle du cultivateur ou du fabricant ?
4. — Pourquoine peut-on imaginer de fabrication en grand
sans l'intermédiaire du commerce ?
*5. — Quand une marchandise est-elle disponible, et quelle
part prend à cela le marchand ?
*6. — Comment ce livre peut-il servir d'exemple au mode
d'action du marchand ?
*7. — Quels services le marchand rend-il aux producteurs
et aux consommateurs ?
*8. — Qu'est-ce que la concurrence et quels sont ses effets ?
*9. — Quelle est l'utilité du marchand en détail ?

1. — « A quoi le commerçant peut-il être utile ? il
« ne produit rien de ce qui n'existait pas avant lui.

« Il n'agit pas comme le cultivateur qui confie un
« hectolitre de pommes de terre au sol pour en
« retirer vingt, ou comme le fabricant qui file la
« laine et en obtient un tissu, le marchand ne fait
« qu'acheter à bon marché pour revendre cher. »
Ainsi, dit-on souvent.

2. — Et cependant le commerçant produit sans
doute autant que le cultivateur et le fabricant, car,
de même que le cultivateur confie l'hectolitre de
pommes de terre au sol et le convertit en un plus
grand nombre d'hectolitres au bout de l'année, de
même que le fabricant engage la laine dans ses machines et la transforme en étoffes, ainsi le commerçant charge le froment et le bois dans un navire,
dont il retire quelques mois plus tard le fer ou le fil,
le café ou le sucre, qu'il a échangés au loin contre
ce bois ou ce froment.

3. — C'est exactement comme s'il avait fait produire ces choses par ses matelots ou s'il les avait
récoltées sur le pont de son navire. Le froment et
le bois n'y sont plus, mais en retour il y a du fer et
du fil, du café et du sucre, de même que le cultivateur a obtenu sa récolte pour la semence et le fabricant la pièce d'étoffe pour la laine.

4. — Sans le commerçant, les fabricants feraient
fort peu de chose, il devraient s'occuper eux-mêmes

des affaires du commerce. Cependant la fabrication n'a grandi nulle part où le fabricant a dû faire en même temps les affaires du marchand et répartir à cet effet son capital et son attention sur deux genres de travaux très différents [1].

5. — Le commerçant prend autant de part à la fabrication que le fabricant lui-même; il apporte à celui-ci ses matières premières et amène les produits façonnés au consommateur. Le fabricant ne tisse pas l'étoffe, il ne la teint ni ne la tond, mais il la fait tisser, teindre et tondre. La marchandise n'est disponible que quand elle a passé par les mains du marchand, car pour être telle, il faut qu'elle ait été mise à la portée de celui qui en fera usage, et c'est le marchand qui, la prenant au producteur, la porte au consommateur.

C'est ainsi que le marchand achète de la laine en Australie pour la revendre à un fabricant de Verviers qui en fait du fil; un autre marchand achète ce fil au Verviétois et le revend en Écosse pour y être converti en drap; enfin un troisième marchand achète ce drap à Glascow d'où il l'expédie à un tailleur de Montréal, qui en fait des habits pour les Canadiens.

---

[1] Voir le chapitre IX.

6. — C'est ainsi encore que ce livre, vous ne le devez ni à l'auteur, ni à l'imprimeur, ni au fabricant de papier ; sans doute vous devez beaucoup à leur service, mais, sans le libraire qui l'a mis à votre disposition, vous ne l'auriez jamais eu. Ce n'est que par lui que vous avez pu en jouir. Ainsi, le commerçant assis à son comptoir est aussi utile que le cultivateur ou l'artisan, il n'est pas moins le créateur des produits que ceux-ci ; il rend leur activité plus utile en l'étendant à un cercle plus large et son nom n'indique autre chose, sinon que sa manière de travailler et de produire est différente de celle du fabricant, de l'artisan ou du cultivateur.

7. — J'ai dit plus haut que l'on reproche souvent au marchand de ne faire autre chose qu'acheter à bon marché pour revendre plus cher, mais au lieu de reproche, c'est un remerciement qu'il faudrait lui adresser. Pourquoi, en effet, le fabricant, l'artisan, le cultivateur sont-ils souvent forcés de vendre leurs produits à bon marché, quelquefois même à perte ? C'est parce qu'ils ne trouvent que peu de personnes autour d'eux qui soient disposées à leur en donner un bon prix, soit parce qu'elles sont trop pauvres, soit parce que ces produits ou ces denrées sont en trop grande abondance pour que l'on puisse tout consommer dans le voisinage. Alors le marchand, qui

est informé par les journaux ou par des correspondants, du prix des marchandises pour tous les lieux, achète ces objets surabondants à ceux qui les ont produits, et par cela même il fait cesser cette surabondance, qui est la seule cause de l'avilissement de leur prix. Il rend ainsi un grand service aux fabricants, aux artisans et aux cultivateurs qui, lorsqu'ils sont raisonnables, estiment qu'il vaut mieux vendre leurs produits à bas prix au marchand que de ne pas les vendre du tout ou de ne s'en défaire qu'à perte.

Ce même marchand s'informe ensuite des lieux où les marchandises qu'il vient d'acheter se vendent le plus cher, soit parce qu'elles y sont rares, soit parce qu'elles doivent servir à des gens assez riches pour les bien payer. En même temps, il s'applique à faire transporter ses marchandises du lieu où il les a achetées vers la contrée où il va les vendre, aux moindres frais possibles, afin de réaliser un bénéfice sur la différence entre les frais d'achat et le prix de vente, bénéfice qui est diminué de ce que coûte le transport. En agissant ainsi, il amène l'abondance là où existait la rareté et par là il rend service aux consommateurs qui aiment mieux payer la marchandise un peu cher que de s'en passer tout à fait.

8. — Lorsqu'un marchand réussit dans les opéra-

tions que je viens de vous décrire, il gagne beaucoup d'argent et s'enrichit, ce qui ne tarde pas à exciter chez ses confrères le désir d'imiter son exemple ; ils cherchent alors à se livrer au même commerce, mais en achetant beaucoup de marchandise là où elle est à bas prix, elle y devient bientôt plus chère et, d'un autre côté, en transportant cette merchandise là où elle était rare, son prix ne tarde pas à s'abaisser. (Voir le chapitre VIII.)

On dit alors que la concurrence s'établit entre ces marchands. Cette concurrence a donc pour effet d'élever le prix des marchandises ou des denrées là où il est trop bas, et de l'abaisser là où il est trop cher. La concurrence a encore pour effet d'obliger les marchands à chercher tous les moyens possibles de diminuer les frais de transport des marchandises, afin de regagner ainsi la partie des profits à laquelle elle les force à renoncer. Mais ici encore elle poursuit son action et à mesure que le commerce trouve des moyens de transport plus économiques, elle en fait profiter tout le monde, tant les producteurs que les consommateurs.

Elle agit de même sur le fabricant, sur l'artisan et sur le cultivateur ; à mesure que l'un d'eux invente un procédé qui lui permet de fabriquer ses produits ou ses denrées à un moindre prix, c'est encore cette même concurrence qui les force à en abaisser le prix de vente dans une égale proportion.

C'est donc grâce à elle que tout le monde jouit du bas prix des choses, qui est le résultat des progrès de l'agriculture, de l'industrie et du commerce.

9. — C'est surtout au marchand en détail, auquel on donne aussi le nom de détaillant, que s'applique le reproche de n'être pas utile. N'avez-vous pas souvent entendu dire, en effet, que tout son commerce se borne à acheter des denrées aux marchands en gros, établis dans la ville même où il demeure, pour les revendre ensuite par petites portions aux habitants de cette ville? Est-ce là un service assez grand, ajoute-t-on, pour élever de beaucoup le prix de la marchandise qui passe par les mains de cet intermédiaire?

Examinons si ce reproche est fondé : si vous deviez acheter vous-même toutes les denrées dont vous avez besoin, comme les épiceries par exemple, chez le marchand en gros, celui-ci consentirait-il à ne vous en vendre qu'une petite quantité à la fois? Cela est douteux, car il perdrait tant de temps à cette vente en détail, qu'il ne lui en resterait plus assez pour se livrer à des opérations plus profitables. Vous seriez donc obligés de lui acheter une assez grande provi-

sion de sa marchandise, et d'en faire de même pour
toutes les autres dont vous avez besoin. Il vous faudrait alors tenir un magasin de toutes ces choses
chez vous, sur lequel vous devriez exercer une surveillance continuelle, afin d'empêcher que rien n'en
soit gâté, ni dérobé, ni gaspillé. Tous ces achats réunis vous coûteraient d'ailleurs une forte somme d'argent que vous auriez peut-être de la peine à rassembler en une fois, car le marchand en gros, qui ne
connaît pas tous ses clients, ne vous accorderait point
de crédit.

Le détaillant, au contraire, vous offre l'avantage de
mettre à votre disposition les denrées dont vous avez
besoin en aussi petite quantité que vous voulez; vous
trouvez réunis chez lui une foule d'objets, qu'il faudrait aller chercher bien loin dans divers quartiers
de la ville, ce qui demanderait beaucoup de temps;
enfin comme toute sa clientèle se trouve dans son
voisinage et n'est pas très nombreuse, il la connaît
assez pour lui accorder crédit pendant quelque temps,
ce qui la dispense d'avoir toujours de l'argent en
poche pour faire ses achats; vous voyez donc que le
détaillant rend à sa clientèle de nombreux services,
en lui épargnant bien des peines, des embarras et des
pertes de temps; il est donc juste qu'il soit payé par
une certaine différence entre le prix auquel il vend

ses marchandises et celui auquel il les achète. Personne n'est d'ailleurs forcé de recourir à ses services ; mais celui qui s'y refuserait, s'apercevrait bientôt que loin de trouver de l'économie à en agir ainsi, il y perdrait.

*CHAPITRE XII.

Le banquier et le crédit.

1. — Ne dit-on pas, bien souvent, que le banquier est un
   être inutile qui s'enrichit aux dépens d'autrui?
2. — Que répondez-vous à cela et quelle est la vraie utilité
   du banquier?
3. — Quels sont donc les services que rend le banquier?
4. — Quelle récompense méritent les services du banquier,
   et celle-ci est-elle acquise aux dépens d'autrui?
5. — Comment le banquier se fait-il payer les services qu'il
   rend?
6. — La différence entre l'intérêt du prêt et celui de l'emprunt est-elle tout entière un bénéfice pour le banquier?
7. — De quelle manière le banquier prête-il le capital?
8. — Le banquier n'emprunte-t-il que les capitaux des per-
   personnes qui ne peuvent pas les faire valoir elles-
   mêmes?
9. — Qu'est-ce que le crédit, et sur quoi est-il fondé?
10. — Comment l'honnête homme, qui ne possède que peu de
    biens, peut-il se procurer le crédit nécessaire pour
    emprunter un capital?

1. — Ce que l'on dit du commerçant (voir le chapitre précédent), on le dit à plus forte raison du banquier : c'est un homme, prétend-on, entre les mains duquel il passe beaucoup d'écus sans qu'ils y grossissent ni s'y multiplient, et cependant il y prend sa part ; n'est-elle donc pas acquise aux dépens d'autrui?

2. — Il n'en est pas ainsi ; car, d'abord, le banquier n'impose ses services à personne ; si on les lui demande et si l'on consent à les lui payer, c'est qu'on juge qu'ils sont utiles et qu'il est préférable de les obtenir de lui que de se les rendre à soi-même, comme l'on préfère acheter le pain chez le boulanger, en lui payant la façon et la cuisson, plutôt que de le faire chez soi, sans rien donner pour cette peine.

3. — Si vous étiez enfant, employé ou rentier, et que vous eussiez amassé un petit capital, sans savoir comment le faire valoir par vous-même, dans quelque entreprise de commerce et d'industrie, vous seriez obligé de le prêter à quelqu'un pour en obtenir un revenu ; mais cette personne, qui devrait être capable d'utiliser le capital avec profit et probité, afin de vous le rembourser à l'échéance du prêt et d'en payer régulièrement les intérêts serait difficile à trouver car vous n'en connaissez guère en qui vous ayez une entière confiance.

Alors survient le banquier qui vous dit : « Prêtez-moi votre capital, dont je vous payerai un intérêt annuel et que je vous rendrai à l'époque fixée par vous-même ; je me charge de le prêter à mon tour à l'un des hommes honnêtes et capables de le faire valoir, que je connais dans le canton, et si je suis trompé par lui, c'est moi qui y perdrai. » Le banquier rend donc, à ceux qui ont un capital, le service de le leur placer d'une manière profitable et sûre.

D'un autre côté, si vous étiez artisan, commerçant ou industriel, et que vous eussiez besoin d'un capi-pour entreprendre une affaire, iriez-vous le demander de porte en porte, à des gens qui ne connaissent ni vos capacités, ni votre probité ? Ce serait vous donner beaucoup de peine, et aussi vous exposer à des refus humiliants.

Alors survient encore le banquier qui vous dit : « J'ai observé votre conduite et j'ai pris des informations sur votre compte ; j'ai confiance en votre honnêteté et en votre intelligence, et je vous prête le capital dont vous avez besoin, à condition que vous m'en payerez l'intérêt et que vous me le rembourserez à l'époque convenue. »

Le banquier rend donc aussi un service à l'emprunteur, en lui évitant la recherche du capital dont il a besoin.

4. — Le banquier, en épargnat au prêteur la peine de chercher un placement sûr de son capital et en lui évitant le risque de le perdre, lui rend un service ; il en rend un autre à l'emprunteur en lui procurant un capital que celui-ci aurait difficilement trouvé sans lui. Ces services méritent une récompense, et si le banquier en exigeait une égale à la peine et au risque qu'il épargne au prêteur et à l'emprunteur, il ne demanderait pas trop, mais ceux-ci ne gagneraient rien à se servir de son entremise ; s'il leur demande moins, ils y trouvent un avantage, et dès lors la récompense du banquier n'est pas acquise au détriment d'autrui.

5. — Le banquier se fait payer les services qu'il rend, en exigeant de ceux à qui il prête le capital un intérêt plus élevé que celui auquel il l'emprunte à d'autres. Par exemple, s'il emprunte le capital à 4 ou 4 1/2 p. 100 par an, et qu'il prête 6 p. 100 pendant le même temps, il profite de la différence, c'est-à-dire d'un et demi ou 2 p. 100.

6. — Le banquier ne peut cependant pas considérer cette différence toute entière comme formant son bénéfice, car, en se rendant responsable de la restitution des capitaux qu'il emprunte, il risque souvent d'en perdre une partie, et, s'il ne veut être bientôt ruiné, il faut qu'il compense cette perte par une

portion de son gain. L'expérience lui fait connaître quelle est la part de son bénéfice qu'il doit employer à compenser cette perte.

S'il constate, par exemple, que sur cent capitaux d'égale valeur qu'il prête, il en perd ordinairement un, il doit déduire 1 p. 100 de son bénéfice pour contre-balancer cette perte, et il lui reste un demi ou 1 p. 100 selon que ce bénéfice était de 1 1/2 ou de 2 p. 100.

Son bénéfice réel sera d'autant plus grand qu'il saura mieux écarter les chances de perte. C'est ainsi qu'il sera récompensé de l'habileté et de la prudence avec lesquelles il aura accordé sa confiance à ses emprunteurs. C'est là en effet, en quoi consiste le talent principal du banquier.

7. — Pour prêter, le banquier exige une garantie écrite, qui est ordinairement une lettre de change ou traite, ou bien une obligation par laquelle un débiteur s'engage à payer une certaine somme à une époque fixée. Le banquier donne contre cette traite ou cette obligation la somme qui y est inscrite, en monnaie, et il en retient l'intérêt d'avance sous le nom d'escompte. Supposons que cet intérêt soit de 6 p. 100 par an et que l'on présente au banquier une obligation de 2,000 francs, payable à trois mois ; il retiendra 30 francs pour l'escompte et donnera

1,970 francs de l'obligation, qu'il se fera rembourser par 2,000 francs à l'expiration des trois mois. Puis il prêtera de nouveau cette somme à un autre emprunteur et ainsi de suite, à mesure que les sommes prêtées rentrent chez lui, de manière à ne laisser jamais son capital inactif.

Il n'attend pas toujours l'échéance des traites qu'il escompte pour rentrer en possession de son argent et le faire valoir de nouveau; le plus souvent il revend ces traites à des personnes qui s'en servent pour acquitter une dette dans un pays éloigné sans être obligé d'y envoyer de l'argent. Pour ce service le banquier se fait encore payer une partie de la somme dont il épargne la dépense à l'acheteur.

8. — Les banquiers ne se bornent pas à emprunter les capitaux des personnes qui ne peuvent pas les faire valoir par elles-mêmes, telles que les rentiers, les employés, etc., car ces sommes ne lui suffiraient pas, il reçoit aussi les capitaux momentanément inactifs, des négociants et des industriels, qui, en attendant une occasion d'en faire usage, les confient au banquier, et celui-ci à son tour, les prête à d'autres personnes, qui ne peuvent entreprendre les affaires qu'elles méditent sans capital. De cette manière, le banquier rend des services réciproques à tous les commerçants et à tous les industriels, et il contribue

pour beaucoup, à ce que les capitaux ne demeurent jamais inactifs, faute de trouver un emploi utile, et à ce qu'aucun travailleur ne demeure inoccupé, par manque d'un capital suffisant.

9. — Le crédit, c'est la confiance qu'inspire au créancier la certitude que son débiteur lui rendra le capital qu'il lui a emprunté, à l'époque convenue. Cette confiance est fondée en partie, sur la valeur des biens que possède le débiteur, et en partie sur les qualités personnelles de celui-ci ; telles que la probité l'activité, l'esprit d'ordre et la capacité pour le genre d'affaires dont il s'occupe. Ceci prouve encore une fois que les vertus, comme la probité, la prudence, l'activité, l'économie, ne sont pas seulement méritoires et agréables à Dieu, mais qu'elles ont, dès ce monde, leur récompense, en ce qu'elles procurent considération, confiance et crédit à qui les possède, et qu'elles lui facilitent par conséquent l'accès à la fortune.

Le crédit, chez une nation, dépend aussi de la sagesse des lois et des institutions qui y garantissent la sécurité ; de la paix et de la concorde qui y règnent, et du respect que l'on y témoigne à la justice.

10. — Le banquier ne connaît guère que les gens riches, les industriels et les négociants de son canton, qui font de grandes affaires, et ce n'est qu'à ceux-là

qu'il prête. Il ne peut connaître de même tous les artisans, les marchands au détail, et quelque honnêtes qu'ils puissent être il ne peut leur prêter le capital dont ils ont besoin pour leurs entreprises à défaut de garanties suffisantes. Il existe cependant pour ceux-ci un moyen simple et assuré de se procurer le crédit qui leur est nécessaire; c'est *l'Association*.

Supposons par exemple, que cent ouvriers artisans ou détaillants honnêtes, se connaissant entre eux, possèdent chacun, en moyenne, une valeur de mille francs; en s'associant, ils disposent, outre leurs capacités et leur probité, d'un capital matériel de cent mille francs, qui pourra leur garantir un crédit semblable à celui dont jouirait un capitaliste, possesseur d'une somme égale. Supposez encore qu'un artisan, par exemple, parmi les associés ait besoin de dix mille francs pour fonder une entreprise. Si l'obligation qu'il souscrit pour cette somme est garantie par l'association dont il fait partie, il trouvera facilement à escompter son billet, c'est-à-dire à emprunter cette somme chez le même banquier qui la lui eût refusée sur sa signature seule.

Les associations de crédit mutuel sont donc d'une grande utilité pour les travailleurs et les petits capitalistes; elles fonctionnent d'autant mieux et rendent d'autant plus de services, que les associés sont plus honnêtes et exercent les uns à l'égard des autres une surveillance plus vigilante.

Aussi en a-t-on éprouvé les bons effets en Allemagne, où elles sont établies depuis longtemps, et celles qui ont été fondées en Belgique, à dater de 1848, ont produit également d'exellents résultats. Il est donc à désirer que ces utiles institutions se propagent partout.

CHAPITRE XIII.

Le cultivateur.

1. — Sans le cultivateur, comment pourrions-nous vivre ?
2. — Le cultivateur prend-il soin de notre nourriture et de
   nos vêtements et contribue-t-il ainsi à l'élévation
   du genre humain ?
3. — Comment réalise-t-il ceci ?
4. — Quelle serait l'utilité du sol sans le cultivateur ?
5. — Quels sont les avantages de la profession de cultivateur, et a-t-elle aussi des difficultés ?
*6. — En quoi la profession du cultivateur ressemble-t-elle
   à celle du fabricant ?
*7. — Quelles sont les conditions nécessaires pour que la
   terre soit bien cultivée ?
*8. — Comment le cultivateur peut-il le mieux réaliser ces
   conditions ?
*9. — Pourquoi la bonne entente entre le propriétaire et le
   fermier est-elle utile à tous les deux ?
*10. — Quel est le moins productif des modes d'exploitation
   de la terre ?

*11. — Quel intérêt une nation a-t-elle à ce que la terre soit bien cultivée et par quels moyens peu t-elle favoriser cette bonne culture ?

1. — Sans le cultivateur, nous n'aurions d'autre nourriture que les fruits qui croissent spontanément, ou que les animaux pris par nous à la chasse. Sans le cultivateur, nous n'aurions ni lin, ni laine, ni coton, nous n'aurions pour nous vêtir que les peaux de quelques bêtes, peut-être l'écorce de quelques arbres. Bref, nous serions comme les sauvages pressés par la faim, contraints d'errer dans le désert à la poursuite des bêtes fauves, à la pêche des poissons, ou à la recherche des fruits qui viennent sans culture.

2. — Le cultivateur nous procure d'autres aliments et d'autres boissons, il utilise la fertilité naturelle de la terre, pour produire les choses qui satisfont nos besoins corporels. Nous pouvons l'honorer avec justice comme le père de toute civilisation, car avant qu'il existât, le temps manquait pour se faire des instruments ou se bâtir des maisons. Une maison était d'ailleurs chose inutile, puisque l'homme ne pouvait jamais habiter longtemps le même lieu, dont il avait bientôt épuisé toutes les ressources.

3. — Le cultivateur connaît les semences qui con-

viennent à chaque terrain, il connait les saisons dans lesquelles il faut labourer, fumer et ensemencer la terre ; il décuple chaque mesure de blé.

Le cultivateur connaît aussi les animaux, il sait comment il doit favoriser leur multiplication, comment il en peut obtenir du lait, comment celui-ci peut se transformer en beurre et en fromage, il sait produire par le labeur de ses mains la nourriture de dix ou de vingt personnes, ce qui rend possible que celles-ci s'occupent d'autres productions et puissent confectionner toutes les choses dont la possession et la jouissance nous distinguent du sauvage.

4. — L'agriculteur fait du sol ce que le forgeron fait du lopin de fer ; le filateur et le tisserand, de la laine ; le potier, de l'argile. Les larges espaces qui semblent ne pouvoir servir à autre chose qu'à y installer un jeu de balle ou une arène de course, il les transforme en une source de vie, car la vie humaine dépend de la nourriture et de la boisson.

5. — Le cultivateur est dans une situation très heureuse. Sa profession ne l'oblige pas à demeurer dans la ville et à s'asseoir devant un comptoir ou dans un atelier ; il a toujours sous les yeux les œuvres du bon Dieu et il a plus souvent que le marchand ou le fabricant l'occasion d'admirer sa sagesse et la

multiplicité de ses bienfaits. Le cultivateur est aussi obligé à de grands efforts.

C'est lui qui le premier élabore le pain à la sueur de son front, car la terre ne donne que peu de fruits volontairement, ils doivent lui être arrachés. Là où rien n'est semé, il ne pousse ordinairement que de la mauvaise herbe.

*6. — De même que le fabricant a besoin de connaissances professionnelles et d'un capital, pour employer la force motrice de la vapeur ou d'une chute d'eau à l'élaboration de ses produits, de même le cultivateur doit posséder des connaissances en agriculture et un capital pour faire servir la force productive qui réside dans la terre, à la production des diverses denrées que ce sol peut fournir.

La terre, la chaleur et la lumière du soleil, la pluie, la gelée et quelques autres phénomènes atmosphériques, telles sont, en effet, les forces naturelles dont le cultivateur dispose pour opérer cette production. Plus il possède de connaissances et plus il se fait obéir par ces forces, comme par autant d'esclaves, dociles à ses moindres volontés.

Plus il possède de capital, sous forme de bâtiments, de machines et d'instruments, d'améliorations à la terre, d'engrais, de semences, de salaires à payer à ses ouvriers (voir le chapitre III) et mieux il utilisera le travail de ces esclaves si robustes et si peu coûteux que lui fournit la nature*.

7. — Pour que le cultivateur soit encouragé à augmenter sans cesse la fertilité de la portion de terre qu'il exploite, il doit être assuré d'avoir pour lui la plus forte part, sinon la totalité des produits qu'il en retire, après avoir remboursé les avances qui lui ont été faites, en capital et en travail. Ce n'est qu'alors, en effet, qu'il appliquera à la culture la plus grande somme possible de connaissances et de capital, ce qui est le seul moyen de retirer de la terre tout ce qu'elle peut produire, sans que sa fertilité en soit diminuée.

*8. — Ces conditions sont le mieux réalisées quand le cultivateur est propriétaire du sol qu'il exploite et qu'il possède en même temps des connaissances sérieuses en agriculture, la pratique de cet art et un capital proportionné à l'importance de son exploitation. Dans de telles circonstances, des cultivateurs propriétaires obtiennent de 30 à 36 hectolitres de froment, en moyenne, par hectare de terre de bonne qualité ou l'équivalent en denrées d'autre matière.

Le fermier ou locataire, lorsqu'il est intelligent et possède un capital suffisant, que le loyer de la terre qu'il occupe n'est pas trop élevé, que son bail est à long terme et qu'à l'expiration de celui-ci il peut se faire rembourser les avances qu'il a faites pour l'amélioration du sol sans en avoir été indemnisé par les produits qu'il en retire, se trouve à peu près dans les mêmes conditions que le propriétaire.

La terre produit d'autant moins que le fermier s'éloigne davantage de ces conditions, soit par sa faute, soit par celle du propriétaire, soit encore parce que tous les deux entendent mal leurs vrais intérêts *.

*9. — C'est pourquoi la bonne entente entre le propriétaire et le fermier leur est réciproquement avantageuse ; car si celui-ci se ruine, il ne peut plus bien cultiver la terre ; il la néglige et il l'épuise. Ainsi traitée, cette terre perd de sa valeur et ne peut plus se louer aussi cher, le nouveau locataire devant déduire de son loyer les avances qu'il sera obligé de faire pour rendre au sol sa fertilité.

De tous les propriétaires, celui qui loue sa terre aux enchères et pour un terme très court, entend le plus mal son véritable intérêt *.

*10. — Il est assez rare qu'un propriétaire ne soit pas averti par la diminution successive du loyer de ses terres, de ce que le système du bail aux enchères et à court terme a de désavantageux pour lui ; alors il est bien obligé d'en adopter un meilleur.

Il y a cependant un autre mode de culture presque

aussi mauvais auquel il est fort difficile de porter remède et qui dure depuis des siècles dans divers pays, dont les habitants sont très ignorants. Ce système porte le nom de métayage ; il consiste dans le partage ordinairement par moitié, de tous les produits de la culture, entre le propriétaire du sol et le cultivateur ou métayer. Ce système est mauvais en ce que le propriétaire étant intéressé à mettre dans la terre le moins de capital, le métayer le moins d'intelligence et de travail possible, le sol manque de tout ce qu'il faudrait pour tirer parti de sa fécondité naturelle. De l'opposition d'intérêts entre les associés naissent aussi des conflits nuisibles aux deux parties.

Le résultat de ce mauvais système de culture est que de bonnes terres ne produisent en moyenne, qu'environ 6 hectolitres de froment à l'hectare, c'est-à dire de cinq à six fois moins que ce qu'elles pourraient donner étant bien exploitées*.

*11. — Ainsi qu'il a été dit plus haut, la terre ne produit rien ou presque rien sans culture et toute civilisation est impossible chez une nation qui laisse le sol inculte ; il suit aussi de là que les progrès de la civilisation et du bien-être qu'elle amène, dépendent au moins en grande partie, de la manière dont la terre est cultivée. Là où elle produit peu, ceux qui la cultivent trouvent seuls à s'y nourrir et la société est privée de la satisfaction de ses autres besoins, notamment de celui de l'instruction. Elle reste donc ignorante, faible, grossière et devient facilement la proie de tous ceux qui veulent l'opprimer et la dépouille.

Il en est à peu près de même chez une nation où la culture du sol demeure imparfaite ou ne suit pas les progrès qu'elle fait chez d'autres peuples. Il importe donc beaucoup à cette nation, de réformer toutes les lois et toutes les institutions qui limitent le libre exercice du droit de propriété, qui tendent à concentrer la possession de la terre en un petit nombre de mains et qui asservissent plus ou moins le cultivateur au propriétaire*.

CHAPITRE XIV.

Le fonctionnaire.

1. — Pourquoi croit-on que l'autorité et les fonctionnaires
   sont superflus?
2. — S'il n'y avait point d'autorité ni de fonctionnaires,
   comment le faible serait-il protégé contre le fort?
3. — Pourquoi est-il moins cher de payer des impôts que
   de veiller soi-même à la conservation de son bien?
*4. — Qu'est-ce que le Gouvernement ou l'État.
*5. — Quelles sont les principales fonctions du Gouverne-
   ment?
*6. — Qu'est-ce que l'impôt?
*7. — De quelle manière perçoit-on l'impôt?

1. — Beaucoup de gens disent : « On pourrait
« bien se passer de gouvernement et de fonctionnai-
« res ; les actes que rédige un fonctionnaire ne peu-
« vent servir à apaiser notre faim, ni à nous vêtir.
« Le Gouvernement prend notre argent par l'impôt
« et ne nous donne rien en retour. »

Est-il donc vrai que les actes ne servent à rien ? que le Gouvernement ne produit rien ? Imaginez-vous l'absence d'un gouvernement formulant des lois, et des fonctionnaires qui les exécutent. Imaginez-vous le voisin s'emparant de la source et ne permettant à personne d'y puiser de l'eau sans payer. Qu'opposeriez-vous à cette impudence puisque vous ne trouveriez nulle part où adresser vos plaintes ? Voudriez-vous, faible enfant, user de violence envers lui ? Ce serait ridicule. Ou, si vous étiez homme, et si vous aviez acquis une force suffisante pour lutter avec le voisin, ne serait-ce pas une nécessité effrayante, que de ne pouvoir étancher sa soif sans avoir à combattre ?

2. — Ou bien, supposez que, tandis que vous êtes à l'école, un homme monte à votre chambre, et emporte avec lui votre lit, vos livres et tout ce que vous possédez, sans que personne soit là pour poursuivre le voleur sur votre dénonciation.

Vous devriez le poursuivre vous-même, à la risée de tout le monde, car, en supposant que vous puissiez l'atteindre, qui le forcerait à vous restituer les objets volés ? A la vérité, votre père serait peut-être assez fort, ses amis, ses serviteurs lui viendraient en aide, pour contraindre votre voleur à la restitution. Mais celui-ci a peut-être aussi l'aide de complices et se défendra sans doute. Il peut en résulter un combat sanglant, et dans tous les cas votre père, ses amis et ses serviteurs auront perdu beaucoup de temps à ravir au voleur ce qu'il vous a pris. Ne vous semble-t-il pas préférable que votre père paie annuellement une contribution à l'autorité plutôt de voir sa vie mise en péril pour la défense de vos objets ? Quand il n'y a pas d'autorité ni de fonctionnaires pour exécuter ses arrêts, où celui-là trouvera-t-il du secours, à qui l'on enlève les épis de son champ ou dont on incendie la maison ?

Ne serait-il pas obligé de veiller nuit et jour sur sa propriété ou la faire garder par d'autres personnes, ce qui lui coûterait davantage que le concours de l'autorité ?

L'autorité et les fonctionnaires ne créent-ils pas de la valenr aussi, puisqu'ils épargnent à tous les citoyens le temps qu'ils devraient consacrer à la défense de leur propriété ?

Le temps gagné, de même que l'argent épargné, peut être consacré à la production de choses utiles, c'est ce que l'on oublie trop souvent.

3. — Il n'y a pas encore bien longtemps que, même dans notre pays, on ne pouvait entreprendre un voyage sans se munir d'un sabre et de pistolets, car il y avait sur les routes des brigands qui

épiaient les voyageurs, pour les piller et parfois les tuer.

On n'est pas continuellement pourvu de sabres et de pistolets, et il ne suffisent pas toujours à se préserver des voleurs.

Maintenant on voyage partout avec sécurité, sans avoir besoin d'armes; il arrive rarement qu'un voyageur soit attaqué dans un lieu écarté. Qui a produit ce changement? C'est l'autorité avec ses agents. La production de la sécurité par une classe spéciale de travailleurs est donc conforme au principe de la division du travail.

4. — Vous venez de voir que l'homme ne pourrait rien faire d'utile et de durable, s'il avait à repousser, à chaque instant, l'agression d'individus plus forts que lui, qui tenteraient de lui ravir les fruits de son travail, sa liberté, ou même sa vie. La sécurité contre ce danger, lui est donc aussi nécessaire que l'air qu'il respire, que le pain dont il se nourrit. Il serait très disposé à sacrifier une partie de son temps ou de son travail, pour conserver le reste et être à l'abri de toute inquiétude. Mais ses efforts isolés ne suffiraient pas à cela, et pour mieux y réussir, il s'associe avec ses semblables en une nation, et, tous en commun, ils consentent à diviser le travail entre eux; de telle manière que le petit nombre veille à la sécurité de tous, en employant les moyens les mieux appropriés à ce but, tandis que le reste de la nation consacre une partie de son travail à pourvoir la subsistance de tous. Les hommes qui se chargent de procurer la sécurité à leurs concitoyens, sont les fonctionnaires, qui, par leur réunion, depuis le chef suprême jusqu'au plus infime, constituent le Gouvernement ou l'État.

*5. — Les fonctions principales de l'État ou du Gouvernement consistent donc à garantir la sécurité des citoyens, c'est-à-dire à veiller au maintien de leur vie, de leur indépendance, de leur liberté et de leur propriété.

C'est assurément pour les fonctionnaires de l'État, une grande et noble mission, qui doit leur valoir toute la reconnaissance de leurs concitoyens, lorsqu'elle est bien accomplie.

L'État rend aussi aux citoyens quelques autres services, qu'il ne leur convient pas de confier à l'industrie privée, tels que la fixation du poids et du titre des monnaies et leur fabrication, le transport des lettres et des dépêches, etc., et enfin, d'autres services publics qu'il crée, exploite ou dirige, soit seul, soit concurremment avec l'industrie privée, tels que l'enseignement, les chemins de fer, canaux, routes, etc., et d'autres encore. Cependant, de même qu'il est difficile qu'un seul artisan exerce bien diverses professions à la fois, telles que celles de serrurier, menuisier, peintre, tailleur, cordonnier, boulanger, etc., de même l'État pèche contre le principe de la division du travail quand il complique trop ses attributions, et alors une partie de celles-ci gagnent à rentrer dans le domaine de l'industrie privée. Ceci dépend d'ailleurs plus de la nation que de l'État lui-même ; quand celle-ci est ignorante de ses droits, de ses devoirs et de ses intérêts, elle a besoin d'un Gouvernement plus compliqué que celui d'un peuple éclairé et dont les citoyens professent un profond respect pour la vie, pour la liberté et la propriété d'autrui*.

6. — Lorsque vous demandez un pain au boulanger, un habit au tailleur, ou un livre au libraire, vous leur payez le prix de ces choses immédiatement ou à la fin de l'année. Il est également juste et nécessaire que vous payiez les services rendus par le fonctionnaire, seulement, vous ne pouvez pas le payer de la même façon que le boulanger ou le tailleur, dont la note vous représente au juste le nombre de pains fournis par l'un, les vêtements faits par l'autre. A quel fonctionnaire devez-vous la sécurité dont vous jouissez et quelle est votre part dans le total des dépenses que l'État fait pour tous les citoyens? Ce serait là un compte fort compliqué et fort difficile à dresser, et en attendant qu'il devienne aussi simple que celui de votre tailleur, il faut l'acquitter d'une autre manière. Cette manière c'est l'impôt, qui est lui-même, la part de son travail ou de son revenu que chaque citoyen donne à l'État en payement des services qu'il en reçoit.

*7. — Selon l'équité, l'impôt doit être payé par chaque contribuable en raison des services qu'il reçoit de l'État, mais cette proportion ...ant très difficile à établir pour chacun, on préfère diviser l'impôt en deux classes : les impôts directs ou contributions directes et les contributions indirectes. Les premières se perçoivent directement du contribuable par le receveur des contributions ; elles sont calculées sur la fortune de chacun, présumée sur la valeur de ses biens, l'étendue de sa maison, la nature de sa profession, etc.

Les secondes sont perçues sur certaines marchandises d'un usage commun, telles que la bière, le vin l'eau-de-vie, le sel, le sucre, le café, le tabac, etc., et elles sont payées par les producteurs ou les introducteurs de ces marchandises, qui s'en font rembourser par le consommateur. Celui-ci paie donc l'impôt par très petites portions, et sans le savoir, chaque fois qu'il fume un cigare ou qu'il boit un verre de bière ou une tasse de café. C'est là une manière commode de payer l'impôt, mais sa perception coûte généralement cher et personne ne sachant au juste ce qu'il paie, on ignore si on est surtaxé ou non.

Les manières de percevoir l'impôt varient beaucoup chez les diverses nations*.

CHAPITRE XV.

L'instituteur et le savant.

1. — Quel est le sort de l'homme qui n'a rien appris ?
2. — Quel est le sort de l'homme qui sait quelque chose ?
3. — A qui doit-on cette différence ?
4. — Comment travaille l'instituteur ?
*5. — Où l'instituteur puise-t-il les connaissance qu'il enseigne à ses élèves.
*6. — Comment s'opère la division du travail entre les savants et quels en sont les avantages ?
*7. — Quelles sont les autres institutions qui favorisent le progrès des sciences et de l'instruction ?

1. — Quelle est la condition de l'homme qui ne sait ni lire ni écrire ni calculer ? Ne doit-il pas toujours croire tout ce qu'on lui dit, puisqn'il ne peut pas s'assurer par la lecture si c'est vrai. S'il s'éloigne n'est-il pas privé des conseils et des avertissements de ses parents et de ses amis? Il ne peut pas échanger des lettres avec eux. N'est-il pas condamné par

là à ne rendre que les services les plus vils? On ne peut pas même l'envoyer au marché, puisqu'il ne sait pas comprendre le moindre calcul.

2. — Le cultivateur sait par la lecture des journaux, où il peut le mieux vendre sa récolte ; par les livres, il apprend en quel lieu on élève le meilleur bétail, où l'on obtient les plus riches moissons, où le sol est le mieux amendé, drainé et cultivé.

Le commerçant lit des lettres venant des pays lointains, et calcule d'après les données qu'il y trouve, quelles sont parmi les productions du pays, celles que l'on peut envoyer au loin pour en obtenir en retour des marchandises avantageuses.

Le fils qui séjourne à l'étranger reçoit dans des écrits émanant de la tendresse de ses parents, des conseils qui le préservent de faux pas ; le navigateur calcule au milieu de la nuit où sont situés les écueils qu'il doit éviter ; chacun règle ses recettes et ses dépenses en les écrivant et en les calculant. Avec ces connaissances, toutes les autres deviennent faciles à acquérir, elles sont le chemin qui mène à tous les honneurs et à toutes les richesses.

3. — Vous voyez d'après ceci que le sort des personnes qui savent lire, écrire et compter, est bien différent de la condition de celles qui ne le savent pas. Avez-vous réfléchi à ceci : que par là les uns

sont condamnés à la condition la plus humble, tandis que les autres peuvent s'élever aux plus hautes dignités ? Cette transformation c'est l'instituteur qui l'opère. — De même que cette différence est quelquefois extraordinaire entre les individus, de même elle peut exister entre nations, dont les unes ont des instituteurs et les autres n'en ont pas. Le peuple sans instituteur, qui ne sait ni lire ni écrire ni calculer, doit toujours être moins habile au travail, plus ignorant en toutes choses et partant plus pauvre que le peuple qui a des instituteurs et sait lire, écrire et calculer.

4. — Certes, l'instituteur ne fait point de pain comme le boulanger ; il ne fait point d'étoffes comme le fabricant, il ne fait pas le commerce des raisins secs comme le marchand ; il ne produit point de pommes de terre comme le cultivateur, il ne rédige point de sentences judiciaires et ne veille point à la sécurité publique comme le fonctionnaire ; il rend cependant des services aussi signalés que ceux qui font ce fructueux travail, car il leur apprend ce qu'ils doivent savoir pour diriger leurs affaires, pour correspondre entre eux par écrit et pouvoir combiner l'échange de leurs produits et de leurs services.

De même que le fabricant transforme le lingot de

fer en instruments propres à rendre service, ainsi, l'instituteur transforme l'enfant inutile et ignorant en un homme utile.

C'est là un travail qu'il n'est pas possible d'évaluer et de payer en argent, et l'individu, comme la nation qui a des instituteurs, doit une reconnaissance incommensurable à ces hommes qui se vouent à un si pénible travail et qui rendent d'aussi utiles services.

*5. — L'instituteur n'a pas inventé lui-même les connaissances qu'il transmet à ses élèves par l'enseignement ; il les acquiert en étudiant des livres composés par des savants ou en suivant les leçons données dans les établissements institués à cet effet et appelés écoles normales.

L'instituteur apprend aussi dans ces écoles les meilleures méthodes pour transmettre à ses élèves les connaissances qu'il a acquises.

Celles-ci, jointes à l'art de les enseigner, constituent pour t'instituteur un capital qui, pour ne point consister en objets matériels, ne leur est pas moins aussi utile que ne l'est, pour le fabricant, le cultivateur ou le commerçant, le capital qu'ils possèdent sous forme de machines, d'instruments, d'appareils, de matières premières, de marchandises ou de monnaie.

Vous avez appris, dans les chapitres précédents (voir les chapitres III, V, VII et VIII) que plus est grand le capital dont disposent les personnes qui exercent ces diverses professions, plus elles possèdent de puissance pour fabriquer ou pour transporter leurs produits, Eh bien, il en est de même de l'instituteur, plus il possède ce que l'on pourrait appeler le capital intellectuel, sous forme de connais_ sances acquises, plus grande est sa puissance dans l'art d'enseigner*.

*6. — A mesure que les sciences font des progrès, elles se divisent en une multitude de branches, et leur domaine est devenu tellement vaste aujourd'hui qu'aucun savant, si étendu que soit son génie, n'en peut plus embrasser le vaste ensemble. C'est pourquoi leur étude et leur enseignement font l'objet des travaux de nombreux savants, qui se groupent en autant de spécialités que les sciences comptent de subdivisions.

En outre, dans chaque science, les opérations se partagent encore entre les divers membres du groupe de savants qui s'en occupe, les uns travaillant à rechercher les principes sur lesquels une science est fondée, les autres à coordonner ces principes et à en former la théorie ; d'autres encore à vulgariser cette théorie, c'est-à-dire à la mettre à la portée de tout le monde ; enfin il en est encore qui en recherchent les applications utiles à l'industrie et aux arts.

Cette division du travail a sur le progrès des sciences, des lettres et des beaux-arts, la même influence avantageuse que nous lui avons reconnue sur le progrès de l'industrie et sur le bien-être de l'humanité*.

*7. — Outre les écoles de divers degrés et les universités, qui répandent l'instruction sur toutes les classes de la société, il y a encore les académies, les sociétés savantes, littéraires et artistiques, les bibliothèques publiques, les musées ou collections d'objets d'art, tels que tableaux, sculptures et objets d'antiquité, de souvenirs historiques, de produits de l'industrie des diverses époques et de tous les pays du globe, les collections d'histoire naturelle, etc., enfin les monuments d'architecture, de sculpture et autres, destinés à perpétuer des souvenirs historiques, des traditions du passé, afin de les faire servir à l'instruction et à l'éducation des générations présentes et à venir.

Plus une nation possède d'institutions semblables et plus elle peut avancer d'un pas rapide et sûr dans la voie du progrès.

La vue de toutes ces choses inspire aussi à la jeunesse le respect et l'admiration pour les ancêtres qui les leur ont transmises en héritage, le désir et l'émulation de les imiter dans ce qu'ils ont fait de grand et d'utile, enfin l'amour d'une patrie dont l'histoire éveille en eux tant de souvenirs glorieux*.

———

CHAPITRE XVI.

Riche et pauvre.

1. — Connaissez-vous la différence entre le riche et le pauvre ?

2. — Comment nomme-t-on les gens qui veulent partager entre les pauvres la propriété des riches ?

3. — Pourquoi la terre ou une fabrique ne peuvent-elles plus se vendre, si la propriété est abolie?

4. — Pourquoi le partage des terres ne rendrait-il pas les hommes égaux ?

*5. — Quelles seraient les conséquences du partage d'une fabrique ?

*6. — Qu'arriverait-il si ceux qui se la sont partagée voulaient l'exploiter eux-mêmes ?

7. — Les pauvres seraient-ils plus riches après le partage et pourquoi ne le seraient-ils pas ?

8. — Si la propriété pouvait se partager sans s'anéantir, les pauvres auraient-ils plus après leur partage ?

*9. — Comment la convoitise se trouve-t-elle punie et quel intérêt ont les pauvres à respecter les biens des riches ?

1. — L'homme riche habite une grande maison

contenant beaucoup de chambres ornées de tentures dorées, de draperies et de meubles précieux; il tient voitures et chevaux ; sa table est tous les jours abondamment garnie; il porte des bijoux, des vêtements d'étoffe fine et des gants, il assiste aux représentations des théâtres et aux concerts.

Dans le quartier où il demeure, habitent aussi une centaine de familles, dont la plupart n'ont qu'une petite chambre, une table et une couple de misérables chaises, et pas même de lit; consommant peu d'autres choses que des pommes de terre et du pain, portant des guenilles et n'ayant pas de quoi acheter du combustible en hiver pour se chauffer. Afin d'entrenir cette misérable existence, ils doivent travailler tout le jour à la fabrique ou aux champs.

Il y a certes là une grande différence dans le genre de vie, et c'est un désir charitable que celui de voir cesser cette différence. Mais comment cela est-il possible ?

2. — Il ne faudrait pour cela que partager la propriété des riches entre les pauvres, disent les *Communistes* ou *égalitaires*. Nous avons vu cependant, dans ce livre ce que c'est que la propriété, et nous savons que nul sinon le propriétaire n'y a droit.

Supposons cependant, que l'on soit assez injuste

pour ne pas tenir compte de ce droit, assez imprudent pour abolir la propriété.

3. — On compte habituellement 500 personnes pour 100 familles ; la propriété du riche devrait donc être partagée entre 500 personnes, et probablement encore entre un beaucoup plus grand nombre, car ces cent familles ne seraient pas les seules à se présenter pour le partage. Cette propriété consisterait en terres ou peut-être en une fabrique. Ces biens ne seraient pas susceptibles de vente si le droit de propriété était aboli, car qui en donnerait quelque chose, s'il ne pouvait pas les conserver ? De même qu'elles ont été enlevées au premier propriétaire, elles le seraient aussi aux autres.

4. — Que l'on s'imagine aussi la terre partagée. Il y aurait beaucoup de personnes trop paresseuses ou trop faibles pour la cultiver, et qui accepteraient volontiers en échanque quelqu'autre objet, un repas par exemple ; de cette manière l'égalité serait bientôt rompue, la différence entre le pauvre et le riche rétablie. Admettons cependant qu'il soit défendu de vendre sa part de terre ; tout le monde devrait se faire cultivateur ce qui empêcherait de réaliser les bienfaits de la division du travail. L'homme actif ne pourrait plus accroître son bien par ses efforts, et cependant il obtiendrait

sur sa part de terre une plus ample récolte que les paresseux.

5. — Les choses iraient encore pis s'il s'agissait du partage de la fabrique, au lieu de celui de la terre. Les machines combinées pour fonctionner ensemble, et qui, sous une direction intelligente produisent un résultat utile, ont une grande valeur, car ce sont des instruments qui servent à épargner beaucoup de temps et de travail; partagées en 500 morceaux, comme cela arriverait, dans le cas que nous signalons, pas un de ceux-ci ne serait utilisable et le partage de la fabrique en serait aussi la ruine.

Le communisme, c'est donc bien, comme le disait un ouvrier de bon sens, partager un objet unique très utile à quelqu'un, en une foule de portions trop petites pour servir à qui que ce soit; en d'autres termes, c'est l'action de nuire à quelqu'un sans profit pour personne.

*6. — Mais, dira-t-on, ceux qui se sont emparés de la fabrique, peuvent continuer de l'exploiter en commun, sans la démolir pièce à pièce, et continuer aussi de cette façon de se partager le revenu du fabricant unique en y joignant le produit de leur propre travail, ce qui augmenterait leur bien-être d'une manière sensible. C'est une erreur, car si tous ont une part égale dans l'entreprise, chacun prétendra commander et personne ne voudra obéir ; alors on se disputera au lieu de travailler et la fabrique ne produira plus rien. Faute d'entente, le capital mobile de la fabrique sera bientôt gaspillé, il n'y aura plus de charbon pour alimenter les machines plus de matières premières à élaborer et l'on verra, mais trop tard pour éviter une ruine complète, combien la direction d'un chef unique, possédant les connaissances et l'autorité nécessaires pour cela est indispensable à la bonne marche des opérations productives.

C'est ainsi que sera punie la mauvaise action de dépouiller le propriétaire de son bien légitimement acquis*.

7. — Vous voyez par là que le partage de la propriété n'enrichirait pas le pauvre. Le riche ne serait plus en état de donner du travail à des centaines d'individus, de construire des navires, des maisons et des fabriques, car il n'y aurait plus de riches, chacun devrait travailler pour lui-même, et personne ne pourrait même en déployant la plus grande activité, se procurer les choses dont jouit aujourd'hui le pauvre.

Sans épargne il n'y aurait point de capital, point de revenus, point de réserves pour la vieillesse ou les temps de disette. Après le partage des richesses, le pauvre serait donc encore plus pauvre qu'avant.

8. — S'il en était autrement, s'il était possible de partager la propriété sans la détruire, si les cent familles dont j'ai parlé plus haut pouvaient se procurer le même revenu que le riche par le partage de la propriété, s'en trouveraient-elles mieux ? Aujourd'hui ces familles gagnent ensemble environ 200 francs par jour ; cela est très peu et suffit à peine pour nourrir loger et vêtir 500 personnes. Le riche a peut-être 100 francs de revenu par jour ; si ces 100 familles perdent ce qu'elles ont gagné jusqu'ici, même en se partageant le revenu du riche, elles n'auront plus à dépenser que la moitié de ce qu'elles avaient auparavant.

Si l'on prétendait cependant qu'elles ne perdraient pas toutes leurs ressources antérieures, ce serait une erreur, car tout ce que le riche consomme, car chaque franc qu'il dépense même en objet de luxe, est un gain pour le pauvre qui crée ces objets par son travail. Ce travail cesse, c'est évident, quand on enlève au riche sa propriété.

9. — Vous voyez par là que la richesse de l'un n'est pas seulement un avantage pour lui, mais aussi pour tous les autres, et que c'est à la fois une mauvaise pensée et une chose nuisible que de convoiter le bien d'autrui.

'Quand tout le monde est également pauvre et qu'il survient une calamité, telle qu'une disette, une épidémie, une inondation, un grand incendie qui dévore des centaines de maisons, etc., qui viendra au secours de ceux qui demeurent sans ressources ?

Quand il y a dans une population des personnes riches, au contraire, elles possèdent toujours des réserves, des accumulations et elles peuvent secourir ceux qui les entourent en se gênant un peu, et les aider ainsi à se relever de leurs désastres, tandis que sans ces bienfaits leur misère demeurerait irrémédiable.

Les riches seuls peuvent épargner dans les temps d'abondance et de prospérité, pour les époques de dénuement et de détresse; ils conservent ainsi le capital, sans lequel tout travail serait infructueux; là où ce capital n'existe pas, la moindre calamité peut anéantir une population entière; il est donc de l'intérêt du pauvre d'avoir des personnes riches autour de lui*.

CHAPITRE XVII.

8

1. — Dans presque toutes les contrées, même dans celles où l'aisance semble le plus générale, il y a aussi des familles atteintes par la misère, dont l'habitation petite et malpropre, est dégarnie des meubles les plus nécessaires ; où l'armoire est sans pain, sans linge ni vêtements et le foyer sans feu, dont les habitants sont vêtus de haillons, et dont les enfants pâles et amaigris par la souffrance, le froid et la faim sont privés du bienfait de l'instruction.

Dans d'autres contrées, ce ne sont pas quelques familles seulement, mais les populations entières qui souffrent de ce mal.

Tel est le triste tableau de la misère, qui n'inflige pas seulement des maux physiques à ceux qu'elle étreint, mais qui les affaiblit et les dégrade aussi moralement.

2. — Les causes de la misère sont malheureusement fort nombreuses. Quelquefois elle est engendrée par des fléaux naturels, qu'il est presque impossible de prévoir ou de prévenir, tels que le manque général des récoltes ou la disette, les inondations, les grands incendies et les autres désastres qui privent un grand nombre de familles de leurs ressources habituelles.

D'autres causes de misère proviennent de la perversité et du manque d'énergie morale des hommes en général, ce qui occasionne les guerres, les révolutions et les troubles, l'oppression, les impôts excessifs et injustement répartis. Ces diverses calamités tendent toutes à paralyser le travail ou à anéantir ses résultats ; elles sont, par conséquent, les causes les plus générales et les plus efficaces de la misère.

La troisième cause générale à laquelle on peut attribuer la misère, c'est l'ignorance et les vices de ceux-là mêmes qui souffrent : l'une engendrant l'insouciance, l'imprévoyance et la prodigalité, les autres consistant dans la paresse, la malpropreté, la grossièreté et la méchanceté des mœurs, l'ivrognerie, l'incontinence, etc. Quand la misère provient de ces causes, elle est le juste et salutaire châtiment que la Providence inflige à ceux qui pratiquent ces vices, afin de les avertir et de les corriger.

3. — La charité n'a pas, pour faire disparaître la misère, la puissance qui lui est généralement attribuée ; pour cela, il faudrait qu'elle pût en détruire les causes ; or, elle est sans action sur les deux premières de celles que nous venons d'indiquer ; elle ne peut que soulager une partie des maux engendrés par ces causes, mais elle peut agir sur la troisième, en prévenant sa naissance, ou au moins son extension, par l'instruction et l'éducation morale des personnes exposées à tomber dans la misère.

La charité ne doit pas aller au delà, car si elle veut soulager aussi la misère qui est le résultat du vice et de l'inconduite, elle atténue l'effet de leur châtiment providentiel qui est de les corriger, et elle tend par là à les perpétuer. La charité exercée sans discernement peut donc faire aussi du mal. Celle qui consiste à distribuer des aumônes en argent, en aliments ou en objets de nécessité, a l'inconvénient d'humilier et d'avilir celui qui les reçoit et de l'habituer à compter davantage sur le secours d'autrui que sur sa propre énergie, pour sortir de la misère. La Charité exagérée ou mal dirigée a donc des inconvénients.

4, — Quand la misère a pris racine dans une population, il devient très difficile de l'extirper, surtout si elle existe depuis longtemps ; il vaut donc mieux la prévenir que d'avoir à la combattre. Si elle a pour cause l'ignorance et l'inconduite, les moyens propres à la prévenir sont l'instruction et l'éducation morale. Dans ce cas, la meilleure charité consiste dans la propagation et le perfectionnement de ces moyens. Quand elle provient d'autres causes, ce qui peut être le plus avantageusement employé pour l'écarter c'est : l'épargne, la prévoyance et l'association.

5. — L'épargne est utile à tous ceux qui ne pos-

sèdent que peu de chose, en ce que, par une légère privation qu'ils s'imposent volontairement tous les jours, ils évitent une grande privation involontaire à laquelle ils peuvent être exposés dans l'avenir et qui peut aller jusqu'à les faire périr de faim ou à les plonger dans une profonde misère, pendant le restant de leur vie. Cette privation, quoique faible, est pénible durant quelque temps, mais, si elle est régulière, on finit par s'y habituer et elle ne coûte plus rien.

Si aucun événement fâcheux ne survient pendant plusieurs années, on est dédommagé de ses privations par un capital, qui, en venant en aide au travail, augmente le revenu de la famille, console de la vieillesse et transforme, et par delà, les privations passées en jouissances présentes.

Si, après quelque temps d'abondance et d'épargne, il survient une période de crise et de pénurie, telle qu'une disette, un chômage, une maladie de soi ou de l'un des siens, on la traverse, en dépensant ses économies, il est vrai, mais sans souffrances ni privations, sans être ruiné ni endetté, sans avoir eu recours surtout à l'humiliante ressource de tendre la main à la charité.

6. — Ce qui est difficile dans l'épargne, ce n'est pas tant de s'imposer une privation faible mais con-

tinue, que de conserver ses économies à l'abri de toute tentation de les dépenser immédiatement, et ce qui ne l'est guère moins, c'est aussi de les faire fructifier ou d'en tirer un intérêt. Un pauvre ménage, qui n'a qu'une mauvaise armoire, soustrait difficilement ses économies aux chances de perte ou de vol ; il résiste aussi avec peine au désir de se dédommager de longues privations par une journée de jouissance et de plaisir, obtenue en dépensant l'argent épargné. Enfin, à moins d'être commerçant, il est peu aisé de trouver une occasion sûre de faire valoir de petites sommes. La caisse d'épargne délivre l'homme prévoyant et économe de tous ces soucis et de toutes ces difficultés, en mettant ses épargnes à l'abri de la perte, du vol et même de sa propre tentation, car celle-ci a le temps de se calmer avant qu'il se décide à demander à la caisse la restitution de son dépôt.

Voilà donc un premier service rendu par la caisse d'épargne à ses déposants. Voici le second :

L'administration de la caisse réunit les petites épargnes d'un grand nombre de déposants, et en forme des capitaux qu'elle prête à l'industrie et au commerce, comme le ferait un banquier, en prélevant un intérêt dont la plus forte part va grossir l'épargne des déposants, tandis qu'une autre part, beaucoup moindre, sert à payer les frais, les risques et les bénéfices de l'administration de la caisse d'épargne.

L'intérêt que celle-ci paie aux déposants varie, selon les contrées, de trois à quatre francs par année, et par cent francs déposés. Le déposant reçoit un livret, dans lequel sont inscrites les sommes qu'il dépose, avec la date de leur versement, l'intérêt qu'elles rapportent chaque année et qui est joint au principal, pour porter intérêt lui-même l'année suivante. On déduit des sommes portées au livret toutes celles qu'il retire de la caisse et que celle-ci lui restitue tout de suite, si elles sont faibles, ou après un certain délai, si elles sont fortes.

L'enfant de l'ouvrier qui dépose ses économies, quelque faibles qu'elles soient, dès son entrée à l'école, et continue à le faire, de semaine en semaine, peut donc retirer de cette caisse, quand son instruction sera terminée, une somme qui l'aidera à payer les frais de son apprentissage et à devenir ainsi un bon ouvrier à son tour.

Tels sont les services que la caisse d'épargne rend aux pauvres gens, et qui sont si bien appréciés par eux, que leurs dépôts y atteignent des millions de francs. Que de misères ont été soulagées, que de larmes ont été taries avec ces sommes, et combien de faibles épargnes sont devenues l'origine de fortunes considérables !

7. — On a calculé qu'un ouvrier, par exemple, qui épargnerait cent francs par an, ou un peu moins de deux francs par semaine, depuis l'âge de vingt ans jusqu'à celui de soixante, c'est-à-dire pendant quarante années consécutives, et qui, pendant ce temps, recevrait les intérêts cumulés de ces dépôts successifs, serait possesseur d'un capital de dix mille francs, cet intérêt étant de 4 p. 100. Le capital, placé ensuite à quatre et demi p. 100, lui donnerait un revenu annuel de 450 francs, suffisant pour son entretien pendant sa vieillesse et qui augmenterait l'aisance de sa famille après sa mort.

C'est ainsi qu'il est reconnu que le capital double par le seul effet du cumul de l'intérêt, en 14, en 18 ou en 23 ans, selon que celui-ci est de 5, 4 ou 3 p. 100 par an. De tels résultats sont bien faits pour encourager les ouvriers à consacrer à l'épargne une partie de l'argent que beaucoup d'entre eux dépensent au cabaret ou négligent de gagner en chômant le lundi.

8. — Les avantages offerts par la caisse d'épargne au déposant sont cependant limités, car d'abord elle ne reçoit point de dépôts d'une grande valeur, tels que mille francs, par exemple, et l'on est alors obligé de ourir à d'autres moyens de faire valoir les

épargnes qui dépassent cette somme, et ensuite le produit des économies d'un ouvrier et de leurs intérêts cumulés deviendrait insuffisant pour lui assurer un revenu dans sa vieillesse, si quelques événements fàcheux, tels que des chômages, des disettes ou des maladies ne lui permettaient pas d'accroître régulièrement son capital ou le forçaient même d'en retirer une partie.

La caisse d'épargne ne suffit pas, non plus, pour préserver le déposant du risque qu'il court de mourir avant d'avoir économisé un capital suffisant pour laisser quelques ressources à sa famille. Afin de se prémunir sûrement contre tant de mauvaises chances, le travailleur économe et prévoyant doit donc avoir recours à une institution qui possède, mieux encore que la caisse d'épargne, le pouvoir de les neutraliser. C'est la compagnie d'assurances sur la vie.

9. — Une telle compagnie dispose de trois moyens de grossir les épargnes qui lui sont confiées et d'amoindrir les risques de mort prématurée ou de vieillesse prolongée par des compensations réparties sur un grand nombre de personnes.

Ces moyens sont : 1° le cumul de l'intérêt des sommes déposées comme à la caisse d'épargne; 2° les chances de survie; 3° les rentes viagères. Le premier moyen a été décrit plus haut; le deuxième consiste à assurer un très grand nombre de personnes à la fois, de telle manière que la longue durée de la vie des uns compense la brièveté de l'existence des autres. Ainsi, un homme peut s'être assuré de quoi vivre pendant les dix années de sa vieillesse; s'il vit encore vingt ans, il aura dix années de misère et de dénûment à traverser. Mais si deux hommes de même âge s'unissent dans ce but et réunissent le nécessaire pour vivre pendant dix ans, il se peut que l'un ne vive que cinq ans, tandis que l'autre prolongera son existence pendant quinze ans; alors il y aura compensation et tous deux auront vécu à l'abri du besoin. Il en est ainsi, à plus forte raison, quand un grand nombre de personnes s'associent dans ce but, et c'est là ce que réalisent les compagnies d'assurance sur la vie.

Le troisième moyen s'applique surtout aux personnes qui n'ont pas d'héritiers ou dont les enfants sont déjà en état de se suffire à eux-mêmes. Supposons un vieillard qui ait épargné 5,000 francs. S'il compte vivre encore dix ans, il dépensera 500 francs par an. Mais s'il meurt au bout de cinq ans, il n'aura joui que de la moitié de son bien; s'il meurt après quinze ans, il aura cinq années de misère à traverser. D'un autre côté, s'il se contente de

.l'intérêt à 5 p. 100 de son capital, par exemple,
le revenu qui sera de 250 francs ne lui suffira pas
pour vivre, et il n'aura pas joui du capital après sa
mort. En se faisant assurer une rente viagère par
une compagnie d'assurances sur la vie, celle-ci lui
payera, chaque année, une somme égale qui repré-
sentera l'intérêt de son capital et une partie de celui-
ci même, calculée de manière à ce qu'il soit entièrement remboursé à l'époque probable de sa mort.
Si ce terme est dépassé par lui, il continue de recevoir le même revenu, et la compagnie y perd ; s'il
meurt avant le terme calculé, la compagnie gagne
à ce marché. Mais, sur le grand nombre de ceux-ci,
les gains compensent les pertes, et les vieillards
peuvent jouir de tout leur capital sans inquiétude de
tomber dans la misère.

Des combinaisons analogues peuvent servir à assurer un héritage à la famille d'un ouvrier, qui n'a
d'autre fortune que son travail, même dans le cas où
il mourrait avant d'avoir pu amasser un capital. S'il
s'engage, par exemple, envers une compagnie d'assurances sur la vie, à verser chaque année une certaine somme pendant un nombre d'années déterminé,
la compagnie calculera ce que cette somme rappor-
tera d'intérêts cumulés pendant ce temps et tiendra
compte des chances de vie de l'ouvrier, et d'après

cela elle garantira à sa famille un capital fixe, au jour de sa mort, quand même celle-ci serait prochaine. Ici encore la compagnie a des chances de gain et de perte qui se balancent par le grand nombre des assurés, mais ceux-ci n'ont pas à craindre la ruine de leur famille en cas de mort prématurée. Tels sont les bienfaisants effets des assurances sur la vie.

10. — Le travailleur, ouvrier ou artisan, a perpétuellement à lutter contre les chances de disette, de chômage, de maladie et d'accidents. La caisse d'épargne, ainsi qu'on vient de le voir, le préserve d'une partie de ces risques, mais ses épargnes seront presque toujours insuffisantes si tous les risques viennent l'assaillir à la fois, et cela est possible, puisque tous peuvent provenir d'une même cause.

Les graves conséquences qu'entraînent les maladies ou les blessures pour le travailleur peuvent être facilement écartées, ou tout au moins diminuées par l'application, au moyen de l'association, du principe si simple et si puissant des assurances, qui consiste à transformer un danger considérable, mais éventuel, en une perte certaine, mais faible. Un grand nombre de travailleurs peuvent, en effet, en s'associant et en s'imposant chaque semaine une faible cotisation sur leur salaire, réunir un fonds assez considérable pour secourir celui d'entre eux qui est atteint de maladie ou qui a reçu une blessure dans l'exercice de sa profession, en lui payant une partie de son salaire, ainsi que les soins du médecin et les médicaments. Ces choses coûtent moins cher, quand on les paye collectivement, et que ceux qui les fournissent sont certains d'en recevoir le prix. Le malade ou le blessé guérit aussi plus vite lorsqu'il est soigné à temps et qu'il est délivré des inquiétudes et des soucis que lui cause la perspective d'une maladie longue et ruineuse.

Les associés, étant intéressés à ce qu'il y ait peu de malades parmi eux et à ce que leurs maladies soient de courte durée, afin d'avoir moins de cotisation à payer, se surveillent mutuellement et excluent des avantages de l'association ceux de ses membres qui se rendraient malades par inconduite ou feindraient des maladies, pour vivre sans travailler, aux dépens de leurs confrères. De là résulte que les membres de ces associations prennent en général des habitudes dignes et régulières qui contribuent à les préserver des chances de maladies et d'accidents.

J'avais donc raison de dire, en commençant ce chapitre, que les meilleurs remèdes contre la misère sont l'économie, l'épargne, la prévoyance et l'association.

CHAPITRE XVIII.

* La disette.

1. — Que nomme-t-on disette ?
2. — Quelles sont les conséquences de la disette ?
3. — A quoi attribue-t-on généralement les disettes ?
4. — Quels moyens l'autorité a-t-elle parfois cru devoir employer pour combattre la disette ?
5. — Quelle influence exerçaient sur la disette, les mesures prises par l'autorité ?
6. — Pourquoi ces mesures eurent-elles des conséquences aussi fâcheuses ?
7. — A quoi se borne aujourd'hui le rôle de l'autorité en temps de disette ?
8. — L'accaparement n'est-il pas aussi funeste que la disette elle-même, et l'autorité ne doit-elle pas prendre des mesures pour l'empêcher ?
9. — Quels sont les moyens que l'on a imaginés pour préserver les populations de la disette, et comment y a-t-on réussi ?
10. — Par quels autres moyens a-t-on encore essayé de prévenir les disettes ?
11 — Quel nom a-t-on donné à ce système et quelle est la meilleure preuve de son impuissance à prévenir la disette ?

12. — Quels moyens reconnaît-on aujourd'hui comme les
meilleurs pour obtenir ce résultat et quelles en sont
les conséquences ?

13. — Par quel exemple pouvez-vous démontrer que la
liberté du commerce des grains est le meilleur
moyen de prévenir des disettes ?

14. — Quelle conclusion morale peut-on tirer de ce qui
précède ?

1. — On nomme disette une cherté des moyens
d'existence, principalement le pain, et qui est telle,
que la plus grande partie de la population ne peut
plus se procurer une nourriture suffisante avec ses
ressources habituelles, et est obligée de sacrifier
presque tout ce qu'elle possède, en renonçant à
toutes les autres satisfactions afin de ne pas succomber à la faim.

2. — La disette est quelque chose d'horrible, car
il est peu de maux qui pèsent aussi cruellement sur
l'humanité. Figurez-vous de pauvres petits enfants
qui étendent vers leur mère leurs bras décharnés,
en criant à chaque instant : « J'ai faim ! » tandis
qu'elle a depuis longtemps partagé entre eux son
dernier morceau de pain.

Pendant ce temps le père désespéré recherche du
travail ou de l'assistance, et ne les trouve nulle part,
car ceux qui ont à peine le nécessaire pour acheter
du pain, n'ont rien à dépenser en vêtements, en us-

tensiles de ménage ou en meubles, et ne peuvent venir en aide à leurs semblables. Quant aux personnes riches et généreuses, elles sont en trop petit nombre pour pouvoir soulager toutes les misères ; on ne peut donc compter sur elles.

Aujourd'hui peu de personnes meurent de faim, mais la vie d'un grand nombre est beaucoup abrégée par les souffrances et les privations qu'elles ont eues à endurer. De nombreux enfants sont privés du bienfait de l'instruction, leurs parents étant devenus trop pauvres pour payer l'instituteur, et pendant ce temps, ils demeurent ignorants et s'habituent au vagabondage et à la mendicité, et quand une fois ils ont acquis cette habitude il devient difficile de la déraciner.

3. — Les conséquences de la disette sont si épouvantables, que peu de personnes, surtout parmi celles qui habitent les villes, sont tentées de l'attribuer à l'insuffisance ou au manque de la récolte. On croit plus généralement à des machinations coupables et secrètes d'homme cupides, que l'on nomme accapareurs, qui veulent s'enrichir de la misère et de la souffrance de tous, en cachant ou en exportant une partie de la récolte afin de faire élever outre mesure le prix des grains.

Quand le peuple croit cela, il entre en fureur

contre ceux qu'il accuse d'être des accapareurs et il les accable de mauvais traitements, il les menace de les pendre ou de les lapider, il brûle leurs magasins ou pille les envois de grain qu'il rencontre sur les routes.

Une conduite aussi coupable a toujours pour conséquence d'élever encore de beaucoup le prix des grains, car ce qui a été détruit ne peut plus servir à personne; elle éloigne des lieux où ces choses se passent, tous les marchands et les cultivateurs qui autrement y auraient conduit leurs grains.

D'un autre côté, l'autorité a eu quelquefois la pensée qui trouve encore assez généralement croyance aujourd'hui, que la cherté des grains résulte d'une entente entre les marchands et les cultivateurs, ou que le haut prix du pain est l'effet d'une coalition entre les boulangers, et dans ce cas, elle a quelquefois ordonné de vendre les denrées alimentaires à un prix déterminé, et plus bas que celui auquel ces denrées auraient été vendues sous un régime de liberté.

5. — Ces mesures n'ont cependant pas eu de meilleurs résultats que les violences du peuple à l'égard des marchands de grains, des meuniers, des boulangers et de leurs marchandises; c'est-à-dire que le prix du pain s'est élevé au lieu de s'abaisser comme on s'y attendait.

6. — On en comprendra facilement la raison. La loi peut contraindre le cultivateur à vendre pour un prix déterminé le grain qui se trouve sur son grenier. Elle peut en agir de même avec la farine qui se trouve chez le meunier, et avec le pain que le boulanger tient dans sa boutique : ces denrées seront alors vendues à bas prix pendant un certain temps, mais le marchand de grain n'ira pas renouveler sa provision au loin, quand il sait qu'il sera obligé de la vendre à un prix plus bas que ne le comportent les frais d'achat et de transport. De même le meunier laisserait son moulin inactif et le boulanger éteindrait son four, plutôt que de perdre de l'argent chaque fois qu'ils feraient de la farine ou du pain. Alors ces denrées ne pourraient être obtenues à aucun prix et la famine deviendrait générale.

7. — Cela est déjà arrivé souvent, aussi ne trouverait-on plus de pouvoir public, trop peu éclairé pour prendre de semblables mesures, quoiqu'il existe encore assez d'ignorants qui leur donneraient ce conseil. Le rôle de l'autorité se borne aujourd'hui à protéger le mieux possible la vie, la liberté et la propriété des marchands de grains, des cultivateurs, des meuniers et des boulangers afin qu'ils puissent produire, transporter et transformer leurs denrées sans crainte, et c'est là en effet le meilleur moyen de

diminuer le mal causé par une mauvaise récolte.

8. — L'accaparement des denrées alimentaires par un petit nombre de personnes, dans le but d'en faire hausser le prix n'est à craindre que dans un canton isolé de tous les autres par des chemins impraticables ou par des lignes de douanes souvent plus difficiles à franchir encore que des rochers escarpés ou des précipices. Toute concurrence du dehors y étant impossible, il suffit en effet, qu'un petit nombre de personnes s'entendent dans le but d'accaparer une faible portion des subsistances, pour en élever le prix d'une manière très sensible. Car chacun craignant alors de manquer de pain, on se hâte d'acheter ce qui se trouve encore, et il en résulte un grand enchérissement dont les accapareurs seuls tirent profit. Mais les choses ne peuvent se passer ainsi dans un pays étendu, traversé en tous sens par des chemins de fer et des lignes télégraphiques, surtout quand on y jouit d'une entière liberté d'acheter et de vendre. Dans ce cas, si la cherté se produit en un point, le pays entier en est averti par le télégraphe, et de nombreux convois de grain sont immédiatement dirigés des lieux où cette denrée surabonde, vers le point où règne la disette jusqu'à ce que la différence des prix ait cessé. Par de semblables moyens l'accaparement devient impossible.

Il est donc désormais inutile de l'empêcher ; toutes les mesures par lesquelles on voudrait y parvenir, n'auraient d'autre effet que d'entraver le commerce honnête et par conséquent d'élever le prix du grain.

9. — De tout temps on a cherché les moyens de préserver les populations de la disette ; les gouvernements ont cru qu'une chose aussi importante que la subsistance de tous ne pouvait être abandonnée au hasard, et ils ont voulu se charger eux-mêmes de ce soin. Ils y ont si mal réussi que plus aucun d'entre eux n'est tenté d'en agir ainsi.

Le moyen consistait à accumuler de grandes quantités de grains aux époques d'abondance, de les conserver dans de vastes magasins, et de les revendre dans les temps de pénurie.

Ce moyen semblait bon, car il consistait à compenser le manque dans certaines années, par la surabondance dans les autres, mais son exécution donnait lieu à tant de complications, et le grain ainsi conservé coûtait si cher que l'on reconnut qu'il valait mieux pour prévenir la disette s'en rapporter à l'intérêt du commerce qui est toujours de transporter les denrées des lieux où elles sont abondantes et à bas prix, vers ceux où elles sont rares et chères, jusqu'à ce que l'équilibre des quantités et des prix soit rétabli. (Voyez le chapitre VIII.)

10. — On a cherché à prévenir les disettes par des lois destinées à maintenir le prix des grains toujours égal. Quand les céréales augmentaient de prix par suite d'une mauvaise récolte, la loi défendait leur sortie du pays, tandis qu'elle en autorisait l'entrée. Quand la récolte avait été très abondante, la sortie était permise mais l'entrée du grain étranger était interdite. En d'autres temps les céréales payaient un droit de sortie qui s'élevait d'autant plus qu'elles étaient plus rares, et à l'entrée une taxe qui s'élevait d'autant plus que le grain était plus abondant à l'intérieur.

Ce système dont on attendait le plus grand bien fut adopté par la plupart des états de l'Europe, mais il n'a eu d'autre résultat que d'anéantir à peu près entièrement le commerce des grains dans ces états, de décourager les cultivateurs et de faire varier le prix des grains bien plus qu'avant l'adoption de ce funeste système. Ceci se comprendra facilement quand on saura que le principal résultat en était de séparer les peuples les uns des autres, et de les empêcher ainsi de s'entraider en temps de disette.

11. — Les Anglais, chez qui ce système a été inventé ont fini par lui donner le nom de « Loi de famine » : l'existence de tout un peuple dépendant

d'un tarif de douane à échelle mobile, qui s'élevait ou s'abaissait au gré de quelques-uns.

La meilleure preuve de l'impuissance de ce système consiste en ce que, chaque fois qu'il y avait manque de subsistance, on était obligé d'en suspendre l'action et de lui substituer pendant quelque temps l'entière liberté du commerce des grains.

12. — Aujourd'hui toutes les nations de l'Europe, l'Espagne exceptée, ont adopté la liberté entière du commerce des grains, comme le seul moyen de se préserver des disettes, en permettant à la pénurie de la récolte de certaines contrées d'être compensée par la surabondance de celles de tous les autres pays.

Quoique cette bienfaisante réforme n'existe que depuis peu d'années, on peut déjà juger de ses résultats, qui sont que le cultivateur en est fortement encouragé à produire plus de céréales ; que le commerce des grains s'en est considérablement développé et se trouve en mesure de transporter rapidement de grandes quantités de blé d'un pays vers un autre, et surtout, enfin, que le prix des grains ne peut plus baisser au point d'occasionner la ruine du fermier, ni s'élever assez pour mettre le consommateur en danger de périr de faim.

13. — Voici un exemple qui peut servir à prouver combien la liberté du commerce des grains est pro-

pre à prévenir les disettes. La France était menacée en 1861-1862 de ce terrible fléau, par suite du manque de la récolte sur une grande partie de son territoire lorsque le gouvernement de ce pays eut l'heureuse idée de donner une entière liberté au commerce des grains, en le soustrayant ainsi au régime de l'échelle mobile qui avait été en vigueur jusque-là.

La cherté des denrées alimentaires, qui commençait à se faire sentir en France, provoqua immédiatement l'importation de plusieurs millions d'hectolitres de grain, tirés de l'Angleterre, de la Belgique et d'autres lieux. A la suite de ces envois, le prix du grain s'abaissa en France, de manière à ne plus dépasser de beaucoup celui des années ordinaires. Mais ce prix s'éleva un peu dans les pays qui aidèrent la France à s'approvisionner ; toutefois cet inconvénient était faible en comparaison de l'immense danger que l'on avait évité. La liberté du commerce des grains a donc agi en cette circonstance comme l'aurait fait la charité la mieux ordonnée, en évitant une grande calamité au moyen d'un léger sacrifice imposé à tous.

14. — De ce qui précède on peut conclure que les nations égoïstes qui ne veulent partager avec personne l'abondance qui leur est accordée, sont punies par des disettes fréquentes et terribles chaque fois

que la récolte manque chez elles, et qu'au contraire les nations généreuses qui, en adoptant la liberté du commerce des grains, observent le précepte enseigné par le Christ : AIMEZ-VOUS, AIDEZ-VOUS LES UNS LES AUTRES, en sont récompensées par la certitude d'avoir toujours le pain quotidien *.

TABLE DES MATIÈRES

ENSEIGNEMENT DE L'ÉCONOMIE POLITIQUE

OUVRAGES ÉLÉMENTAIRES

Premières notions d'économie politique, sociale ou industrielle, suivies de *Ce qu'on voit et ce qu'on ne voit pas,* par Frédéric Bastiat; de la *Science du Bonhomme Richard,* par Benjamin Franklin, et d'un *Vocabulaire de la langue économique,* etc., par M. Joseph Garnier, de l'Institut, professeur à l'École des Ponts et Chaussées, rédacteur en chef du *Journal des Economistes,* 5e édit. 1 vol. in-18. Prix. 2 fr. 50

Ce qu'on voit et ce qu'on ne voit pas, ou l'Économie politique en une leçon, par F. Bastiat, 4e édition. Broch. in-16. Prix. 25 c.

Précis élémentaire d'économie politique, par Blanqui, de l'Institut, suivi du **Résumé de l'histoire du commerce,** par le même. 2e édition 1 vol. gr. in-18. Prix. 2 fr. 50.

Simples notions de l'ordre social, à l'usage de tout le monde, par A.-E. Cherbuliez, professeur d'économie politique et de droit public. 2e édition. 1 vol. gr. in-18. Prix. 75 c.

Manuel d'économie politique, par M. H. Baudrillart, membre de l'Institut, ex professeur au Collège de France. 4e édition. 1 fort vol. in-18. — Premier prix Montyon, décerné par l'Académie française. Prix. 4 fr.

Traité sommaire d'économie politique, par M. J.-G. Courcelle-Seneuil. 1 vol. in-12. Prix. 2 fr.

Traité élémentaire d'économie politique, par M. Pierret. 1 vol. in-18. Prix. 3 fr.

Traité élémentaire d'économie politique, par M. H. Rozy. 1 vol. in-18. Prix. 3 fr.

Les bases naturelles de l'économie sociale. Résumé d'un cours public fait à Lyon, par M. H. Dameth, professeur d'économie politique à Genève. 1 vol. in-18. Prix. 1 fr. 50

Cours d'économie industrielle à l'école municipale Turgot. — Instructions graduées, par M. Paul Coq, maître de conférences. 1 vol. in-18. Prix : 4 fr.; cartonné. 4 fr. 50

Manuel populaire de morale et d'économie politique, par M. J.-J. Rapet, inspecteur général de l'instruction primaire, à Paris. 3e édition. 1 fort. vol. gr. in-18. — Prix extraordinaire de 10,000 fr. proposé par l'Académie des sciences morales et politiques. Prix. 3 fr. 50

Entretiens d'un fabricant avec ses ouvriers, sur l'*Economie politique et la Morale,* par M. A. Rivier, juge au tribunal civil de Grenoble. 1 très joli volume gr. in-18. Prix. 3 fr.

Tout par le travail. Manuel de Morale et d'Économie politique, par A. Leymarie. 2e éd. 1 vol. in-18. Prix.   3 fr.

Traité d'économie politique, par J.-B. Say, 8e édit. 1 seul et très beau vol. gr. in-18. Prix.   5 fr.

Traité d'économie politique, sociale ou industrielle. Exposé didactique des principes et des applications de cette science avec des développements sur le crédit, les banques, le libre-échange, la protection, l'association, les salaires, par M. Joseph Garnier, membre de l'Institut, professeur à l'École des ponts et chaussées. Adopté dans plusieurs écoles ou universités. 8e édition. 1 très fort vol. in-18 de 784 pages. Prix.   7 fr. 50

Leçons élémentaires d'économie politique, par M. J.-G. Courcelle-Seneuil. 1 vol. in-12. Prix.   2 fr.

Recherches sur la nature et les causes de la richesse des nations, par Adam Smith. — Nouvelle édition. 2 volumes in-8 Prix.   16 fr.

Cours d'économie politique fait au Collège de France, par Rossi, 4e édition. 4 vol. in-8. Prix.   30 fr.

Précis de la science économique et de ses principales applications, par M. A.-E. Cherbuliez, correspondant de l'Institut, professeur à l'École polytechnique fédérale de la Suisse. 2 vol. in-8. Prix.   15 fr.

Cours d'économie politique, par M. G. de Molinari, ancien professeur au Musée de l'Industrie belge. 2e édit. 2 vol. in-8. Prix.   15 fr.

Traité théorique et pratique de l'économie politique, par J.-G. Courcelle-Seneuil. 2e édit. 2 vol. in-8. Prix.   15 fr.

Principes d'économie politique, par John Stuart Mill. 2e édit. 2 vol. in-8. Prix.   16 fr.

Œuvres choisies de Frédéric Bastiat, comprenant les **Sophismes économiques,** les **Petits Pamphlets** et les **Harmonies économiques.** 3 volumes in-8. Prix.   10 fr. 50

Histoire de l'Économie politique, depuis les anciens jusqu'à nos jours, suivie d'une *Bibliographie raisonnée de l'économie politique,* par Blanqui, membre de l'Institut. 3e édition. 2 beaux vol. in-18. Prix.   6 fr.

Introduction à l'Étude de l'économie politique. Cours public professé à Lyon sous les auspices de la Chambre de commerce, par M. Dameth, professeur d'économie politique à l'Académie de Genève. 2e édition. 1 vol. in-8. Prix.   7 fr. 50

Saint-Denis. — Imp. Ch. Lambert, 17, rue de Paris.